本书获得教育部中外语言交流合作中心 2020 年度国际中文教育研究课题
"汉语国际教育博士(留学生)培养现状与优化方案研究"(20YH20)的资金支持

国际中文教育专业博士人才培养研究

李东伟　沈莉娜　编著

哈尔滨工业大学出版社

图书在版编目（CIP）数据

国际中文教育专业博士人才培养研究 / 李东伟，沈莉娜编著． — 哈尔滨：哈尔滨工业大学出版社，2024.3
ISBN 978-7-5767-1306-0

Ⅰ．①国… Ⅱ．①李… ②沈… Ⅲ．①汉语—对外汉语教学—研究生教育—人才培养—研究 Ⅳ．①H195.3

中国国家版本馆 CIP 数据核字(2024)第 063681 号

策划编辑　闻　竹
责任编辑　马　媛
封面设计　童越图文
出版发行　哈尔滨工业大学出版社
社　　址　哈尔滨市南岗区复华四道街 10 号　邮编 150006
传　　真　0451-86414749
网　　址　http://hitpress.hit.edu.cn
印　　刷　哈尔滨市颉升高印刷有限公司
开　　本　787 mm×1 092 mm　1/16　印张 9.5　字数 200 千字
版　　次　2024 年 3 月第 1 版　2024 年 3 月第 1 次印刷
书　　号　ISBN 978-7-5767-1306-0
定　　价　69.00 元

(如因印装质量问题影响阅读,我社负责调换)

前　言

　　本书聚焦"国际中文教育专业博士人才培养"这一主题，主要从4个方面深剖、探讨了博士人才培养规律。第一，阐述了国际中文教育专业博士人才的培养现状，重点探讨了表达驱动教学理念在高级阶段留学生专业学习中的应用、国际中文教育专业博士生学习中国古典诗词的策略等。第二，论述了国际中文教育专业博士生导师群体的特征。第三，以史鉴今，深入挖掘了古代汉学家的学术成就、汉语习得经验和历史贡献。第四，探讨了美国、德国、日本等国家语言教育专业博士人才培养的经验，为国际中文教育专业博士人才培养提供借鉴。

　　本书内容丰富，研究视野开阔。作者期望本书能够起到抛砖引玉的作用，引发更多专家、学者关注国际中文教育专业博士这一特殊群体，共促国际中文教育高端人才培养体系进一步完善。

　　由于作者能力有限，书中难免存在不足之处，还请各位专家、读者不吝指正，我们将在未来的研究中不断校正、丰富和完善。

作　者
2023年8月

目　录

国际中文教育相关专业外籍博士人才培养研究 ………………………………… 1

国际中文教育专业博士人才培养的实践性研究 …………………………………… 8

汉语国际教育专业博士(留学生)古典诗词学习策略研究 ……………………… 15

中国国际中文教育博士生导师群体特征研究 …………………………………… 21

表达驱动教学理念在高级阶段留学生专业学习中的应用 ……………………… 34

明清汉学家的汉语学习对国际中文教育专业外籍博士培养的启示 …………… 39

汪德迈的汉学研究对国际中文教育专业博士培养的启示 ……………………… 46

汉语国际教育领域教育博士专业培养方案比对研究 …………………………… 54

国际中文教育专业相关领域外籍博士毕业论文选题调查研究 ………………… 65

法语教育博士生的培养模式对国际中文教育专业博士人才培养的启示 ……… 86

中美教育博士人才培养对国际中文教育博士的启示 …………………………… 95

区域国别视角下俄语教育博士对国际中文教育专业博士培养的启示 ………… 102

德国汉学博士培养现状分析 ……………………………………………………… 110

日本语教育与国际中文教育专业博士人才培养对比分析
　　——以北京大学和早稻田大学为例 ………………………………………… 120

EMI 岗位制博士对国际中文教育人才培养的启示 ……………………………… 129

汉语国际教育专业博士人才培养现状及相关思考 ……………………………… 135

国际中文教育相关专业外籍博士人才培养研究

李东伟(华北理工大学)　吴应辉(北京语言大学)

摘　要：我国国际中文教育相关专业外籍博士人才培养工作取得可喜成绩的同时,也存在一些不容忽视的问题:在华攻读国际中文教育相关专业的外籍博士生人数较少;外籍博士生的学术基础薄弱,博士生导师培养压力大;培养方式单一,外籍博士生在华学习压力大;学术、专业博士人才培养模式趋同,有待进一步优化。本文试图找出以上四类问题的存因并给出具有针对性的解决对策,有助于提升国际中文教育相关专业外籍博士生的培养质量,并为国际中文教育相关专业外籍博士人才培养的顶层设计提供参考。

关键词：国际中文教育;外籍博士生;人才培养

2021年5月31日,习近平总书记在主持中共中央政治局第三十次集体学习时强调:"要全面提升国际传播效能,建强适应新时代国际传播需要的专门人才队伍。""要采用贴近不同区域、不同国家、不同群体受众的精准传播方式。"[1]国外本土中文教师,作为中外文化交流的友好使者,承担着精准介绍全面、立体、真实的中国的重任。

国际中文教育相关专业外籍博士生是国外本土中文教师的重要师资储备,在海外中文教育中起着至关重要的作用。该群体应具有较强的中文教学能力,兼备理论基础与实践能力,具有较强的跨文化交流和多学科交叉融合创新的能力,能够有效利用专业理论和科学研究方法解决实践中的复杂问题,创新性地开展教学、管理和研究工作。然而,调研发现,目前很多院校对国际中文教育相关专业外籍博士生在管理能力、学科建设能力、学术能力等方面的培养力度还有待加强。同时,具有国际中文教育相关专业外籍博士生招生资质的院校越来越多,但实际招生的高校却越来越少,个别博士生导师提出停招的请求。因此,国际中文教育

基金项目:教育部中外语言交流合作中心2020年度国际中文教育研究课题"汉语国际教育博士(留学生)培养现状与优化方案研究"(20YH20C)。

相关专业外籍博士人才培养问题亟待解决。

一、现状解构:国际中文教育相关专业外籍博士人才培养现存问题

我国自1986年开始陆续招收对外汉语教学专业或方向的硕士研究生后,又在语言学及应用语言学二级学科博士点下招收对外汉语教学、汉语国际传播等方向的博士研究生,包括外籍博士生;2015年起,12所高校陆续自设汉语国际教育相关专业,招收外国留学生;2018年,国务院学位委员会办公室批准北京大学、华东师范大学、天津师范大学等7所院校在教育博士(Ed. D)学校课程与教学专业招收汉语国际教育方向的博士研究生(含外籍博士生);2019年,国务院学位委员会办公室批准20所高校开设汉语国际教育领域专业学位博士生(含外籍博士生)。截至2020年年底,国际中文教育相关专业(领域、方向)培养的外籍博士生主要包括以下3种类型。(1)学术博士:语言学及应用语言学专业下设的对外汉语教学方向。(2)学术博士:自设汉语国际教育及相关专业。(3)专业博士:教育博士专业学位汉语国际教育领域(方向)。我国国际中文教育相关专业外籍博士生培养在短短几十年内从无到有,从单一的学术博士到自设专业,再到专业博士,发展速度快,但理论研究相对滞后。多位专家学者[2][3][4]进行了相关研究,但主要关注的是国际中文教育相关专业中国博士生的人才培养问题。基于以上原因,本文收集整理了多所高校国际中文教育相关专业外籍博士生招生简章,并通过电话访谈博士生导师、研究生院负责人和外籍博士生,发现以上3类外籍博士生的人才培养工作存在如下问题。

(一)在华攻读国际中文教育相关专业的外籍博士生人数较少

据高校官网发布的外籍博士生招生简章,2020年共计33所高校具备国际中文教育相关专业外籍博士生招生资质,对其实地调研和电话访谈得知,2020年仅有21所高校招收了外籍博士生,具体情况见表1。

表1 2020年国际中文教育相关专业实招外籍博士生一览表

序号	学校名称	语言学及应用语言学专业对外汉语教学方向	自设汉语国际教育及相关专业	教育博士专业学位汉语国际教育领域(方向)
1	北京语言大学	+	+	-
2	暨南大学	+	+	-

续表1

序号	学校名称	语言学及应用语言学专业对外汉语教学方向	自设汉语国际教育及相关专业	教育博士专业学位汉语国际教育领域（方向）
3	华东师范大学	+	+	-
4	北京师范大学	+	-	+
5	北京大学	+	-	-
6	厦门大学	+	-	-
7	首都师范大学	+	-	-
8	浙江师范大学	+	-	-
9	华中师范大学	+	-	-
10	东北师范大学	+	-	-
11	中国传媒大学	+	-	-
12	吉林大学	+	-	-
13	上海师范大学	+	-	-
14	中山大学	+	-	-
15	陕西师范大学	+	-	-
16	中央民族大学	-	+	-
17	北京外国语大学	-	+	-
18	四川大学	-	+	-
19	华南师范大学	-	+	-
20	云南师范大学	-	-	+
21	西北师范大学	-	-	+

注："+"表示已经招生，"-"表示尚未招生。

（二）外籍博士生的学术基础薄弱，博士生导师培养压力大

本文课题组在进行国际中文教育相关专业这三类外籍博士生培养的高校中各随机抽取5所高校展开调研，重点访谈外籍博士生和博士生导师。接受访谈的

15位国际中文教育相关专业博士生导师中有11位谈道,外籍博士生学术基础薄弱,博士生导师培养压力大。其中,中国人民大学李泉教授在接受电话访谈时直言不讳:中国人民大学近几年没有招收语言学及应用语言学专业对外汉语教学方向的外籍博士生,原因是在培养过程中发现,即便是汉语口语、书面语均不错的留学生,其在撰写学术论文和博士学位论文时仍十分吃力。华东师范大学吴勇毅教授在《国际中文教育"十四五"展望》一文中也谈道:"现在许多专业的硕士生导师、博士生导师不愿意带外国学生的一个重要原因就是学生看不懂汉语的学术论文(参考文献),不能(能力不够)或不会(不知道如何做)用汉语写学术论文。"[5]可见,留学生学术基础薄弱是各大高校博士生导师共同面临的难题。

(三)培养方式单一,外籍博士生在华学习压力大

据调研,外籍博士生招生不占招生名额,理论上招生人数可以相对更多。但事实上,仅有北京语言大学、北京师范大学等个别院校每年招收的语言学及应用语言学专业对外汉语教学方向的外籍博士生人数与中国学生人数相当;自设汉语国际教育及相关专业仅中央民族大学、厦门大学等个别院校招收的外籍博士生人数与招收的中国学生人数齐平;教育博士专业学位汉语国际教育领域仅有北京师范大学、华南师范大学、西北师范大学、云南师范大学4所高校于2020年各招了1名外籍博士生。整体而言,外国留学生来华攻读国际中文教育相关专业(领域、方向)的人数不多。原因何在?为此,课题组对15所高校的15位在读外籍博士生进行了访谈。访谈结果显示,12位博士生都认可的共性问题有两个:(1)培养方式单一,仅线下在校上课一种方式,没有线上听课、参与学术会议获得学分等其他方式。(2)外籍博士生普遍年龄偏大,部分博士生已有家庭,长时间在华留学遇到的家庭阻力较大。

(四)学术、专业博士人才培养模式趋同,有待进一步优化

目前,国际中文教育相关专业外籍博士生人才培养模式单一,培养特色不足,表现在以下3个方面:(1)在语言学及应用语言学专业下设对外汉语教学方向的高校中,中外学生培养方案趋同,仅为外籍博士生增开"中华文化"课程。(2)自设汉语国际教育及相关专业外籍博士生培养,除了中央民族大学、厦门大学、华东师范大学外,多采用本校语言学及应用语言学专业的培养方案,汉语国际教育专业的人才培养特点不突出。(3)部分高校教育博士专业学位汉语国际教育领域外籍博士生的导师主要来自教育学领域,外籍博士生在汉语作为第二语言教学的理论与实践方面所接受的知识和训练有所欠缺。

二、纾解之道：分析问题，提供对策

(一)加强学术适应理论研究与实践——提升外籍博士生的学术能力

针对外籍博士生来华数量少、学术基础薄弱问题，我们可采取以下对策。

首先，加强来华留学生学术适应理论研究。学术适应指的是不同语言和文化的学生对高校学术研究文化的动态适应过程[6]，外籍博士生学术适应的困境、影响因素，以及促进学术适应的对策、手段成为研究新热点。应重点关注国际中文教育相关专业外籍博士生的学术论文写作研究，包括学术汉语教学、学术汉语习得研究。

其次，积累外籍博士生学术适应能力培养的实践经验。博士生导师可"建立学术资料库，助力留学研究生的学术能力提高""通过提供学术资料信息库的方式，减少留学研究生获取学术资料的困难，把经过'提炼'的学术资料提供给他们，这样的'学术营养'可以帮助他们明确科研的大方向，尽快提高自己的学术能力"，还可以"建立中外师生学术交流机制，培养留学研究生的学术能力"[7]。

最后，推广后博士培养模式——毕业后的外籍博士生实现科研成果持续产出。后博士培养是指博士生导师对毕业后的外籍博士生继续给予学术关怀与指导。后博士培养模式利于外籍博士生学术能力的持久提升和学术成果的不断产出。外籍博士生毕业回国后，由于长期处于非中文学习和工作环境中，难以保持对中文及中华文化的持久研究热情，后博士培养模式有效解决了该问题。导师在留学生毕业后建立同门群，定期在群中组织中外学生开展教学经验、科研进展交流会；把国内最新的科研成果分享至群中，指导学生学习；邀请毕业的外籍博士生远程线上参加国内重要学术会议和讲座；邀请毕业的外籍博士生加入导师的科研项目，继续培养。学生们虽然已经回国，暂未读"博士后"，但在导师的后博士培养中，学术水平持续提升。经过后博士培养的外籍博士生是国外本土中文教师中的领军人物，能够带动更多本土教师参与科研项目并鼓励硕士学历本土教师来华攻读博士学位。

(二)线上、线下融合培养外籍博士生——缩短留学生外出求学的时间

信息化、智能化融入教育是未来教育发展的必然趋势。针对外籍博士生在华学习时间长、家庭阻力大等问题，可通过线上、线下融合培养加以解决。线上、线下融合培养是指在线上、线下深度融合的教学时空中，外籍博士生导师通过线上

教学资源、信息化环境与线下教学内容相结合,有效整合线上、线下优势,因材施教,提高外籍博士生人才培养的质量,帮助外籍博士生更好地发展。具体融合方式如下。

外籍博士生的部分学分可在海外高校完成,或通过互联网在线上完成,缩短学生的离家时间,实现学业、家庭两不误;培养院校可适当减少课程的学分比例,加大听取学术讲座、参加学术会议的学分比重;鼓励学生参加线上或线下国际高端学术会议,听取国际知名学者的研究报告;建立海外中文教学实践基地,博士生的实践实习可以在其母语国完成,博士生导师线上指导,发挥线上教育与线下教育各自的优势,取得 1+1>2 的良好的人才培养效益。

(三)外籍博士生分类培养——研究内容、重点各有侧重

语言学及应用语言学专业对外汉语教学方向侧重传统对外汉语教学内容的研究,尤其是汉语作为第二语言的语言要素教学。因为语言学及应用语言学专业对外汉语教学方向开设在各高校文学院,博士生导师多是语言本体研究专家,能够辅导外籍博士生深入研究汉语的本质、特点和使用规律。自设汉语国际教育及相关专业的外籍博士生应侧重研究汉语国际传播的相关内容和中文教学总体设计、教材选编、课堂教学、测试评估等相关问题。教育博士专业学位汉语国际教育领域(方向)的外籍博士生须"紧扣职业需求和岗位需求,注重实践能力、创新能力和职业能力素养,集中体现在岗位的胜任力上,这是专业学位人才培养的典型特征"[8]。

汉语国际教育专业博士的设置要面向国家重大发展战略需求,面向行业产业的重大需求,面向教育现代化,要通过专业学位教育全力打造一批既有综合实力又有竞争力的骨干教师。国际中文教育需要一批高层次、应用型领军人才。不单要关心中国专业博士的培养,有关留学生的专业博士、学术博士培养同样应引起学界的重视。因此,教育博士专业学位汉语国际教育领域(方向)的外籍博士生培养应为国际中文教育人才培养工作的重点。我们应深刻地认识到,海外中文教育的高层次师资需求是人才培养的逻辑起点,应通过课程设置,全面植入汉语国际教育领域的前沿问题,提升学生根据最新研究成果进行理论论证和研究的能力。同时,开设"国际中文教育实践研究"课程,通过在海外建立国际中文教育实践基地、利用网络进行远程授课、向海外中文教育机构派遣中文教师等多种方式,与课上理论研究联动培养具有较强实践能力和教育技能的高端人才。

三、结语

国际中文教育相关专业外籍博士生未来作为国外本土中文教师的中坚力量

和领军人物,在海外中文教育中起着至关重要的作用。本文聚焦国际中文教育相关专业外籍博士人才培养现状,针对人才培养过程中存在的现实问题给出了应对策略,以期为提升国际中文教育相关专业外籍博士生的培养质量、为国际中文教育相关专业外籍博士人才培养的顶层设计提供参考和借鉴。

参 考 文 献

[1] 新华社.习近平在中共中央政治局第三十次集体学习时强调 加强和改进国际传播工作 展示真实立体全面的中国[EB/OL].(2021-06-01)[2023-01-12].http://www.xinhuanet.com/politics/2021-06/01/c_1127517461.htm.

[2] 李宝贵,刘家宁.新时代国际中文教育的转型向度、现实挑战及因应对策[J].世界汉语教学,2021,35(1):3-13.

[3] 仇鑫奕.汉语国际教育高端人才培养平台建构思路[J].研究生教育研究,2015(2):74-80.

[4] 吴应辉,梁宇.交叉学科视域下国际中文教育学科理论体系与知识体系构建[J].教育研究,2020,41(12):121-128.

[5] 吴勇毅.国际中文教育"十四五"展望[J].国际汉语教学研究,2020(4):9-15.

[6] CHENG L,FOX J. Towards a better understanding of academic acculturation:Second language students in Canadian Universities[J]. Canadian Modern Language Review,2008,65(2):307-333.

[7] 朱萍,巩雪.来华留学研究生学术能力影响因素分析及应对策略[J].江苏高教,2016(5):96-99.

[8] 钟英华.汉语国际教育专业学位水平评估的方向和质量导向[J].天津师范大学学报(社会科学版),2021(1):2-6.

国际中文教育专业博士人才培养的实践性研究

沈莉娜(华北理工大学)　李东伟(华北理工大学)

摘　要：国际中文教育专业是根据国家重大发展战略需求设立的,是以培养国际中文教育领域的高层次应用型未来领军人才为己任的研究生教育。通过简要梳理国外专业博士人才培养的历程与特点,并根据《国际中文教师专业能力标准》的相关规定发现,强调专业博士培养的实践性是国际中文教育专业博士教育发展的必然趋向。本文提出通过重构"交叉化、信息化、项目化"的课程体系、应用"四个一"的教学方法、完善"全过程"的评价机制、创建"虚实结合"的实践平台等4大举措来凸显实践性。

关键词：国际中文教育；专业博士；实践性；职业性

一、引言

国际中文教育专业是根据"一带一路"倡议和中文"走出去"、讲好中国故事、提升国际话语权等国家重大发展战略需求设立的,是以培养国际中文教育领域的高层次应用型未来领军人才为己任的研究生教育。2018年,教育部批准在相关院校首次试点招生,但是当时只是作为一个方向设置在教育博士专业学位下的课程与教学领域。2019年,作为教育博士专业学位下的一个领域扩大招生。2022年9月,国际中文教育专业博士学位独立设置。同年12月13日,由全国汉语国际教育硕士专业学位教育指导委员会主办的首届国际中文教育专业博士生论坛在线召开。2022年成为国际中文教育专业博士教育的新纪元。

国际中文教育专业博士学位独立设置晚,人才培养时间短,因此,学术研究成果少,主要呈现出3个特点:(1)实证研究与思辨研究平分秋色。我们在中国知网上输入"国际中文教育博士",共搜索到2篇相关论文,并据论文内容检索到4篇文章,这6篇论文和文章包含实证研究(3篇)与思辨研究(3篇)两种研究范式,呈现出不同的研究方法。实证研究涵盖质性研究(2篇)与混合研究(1篇)。质性研

基金项目：教育部中外语言交流合作中心2020年度国际中文教育研究课题"汉语国际教育博士(留学生)培养现状与优化方案研究"(20YH20C)。

究多采用深度访谈、招生简章收集等方法收集数据,运用资料分析、文本分析等方法分析数据;混合研究采用问卷调查法收集数据,并以半结构化访谈为辅,分析数据得出结论。(2)研究对象比例不均衡。只有李东伟和吴应辉(2022)以外籍博士生为研究对象[1],王辉和沈索超(2023)的调查问卷数据中未见中国籍以外的学生[2],而其他研究者则并未严格区分。(3)研究主题较丰富,宏观与微观相结合。从宏观上探讨了中外国际中文教育专业博士人才培养的现状,指出目前国际中文教育专业博士人才培养状况良好,发展迅速,但也存在一些不足,并提出优化对策(李东伟、吴应辉,2022;王辉、沈索超,2023);从微观上提出招生要"坚守发展特色;严把准入门槛;多元化的考核方式;加强评分的规范性与效率性;健全监察监督保障机制"[3],要"分层构建与本、硕、博培养层次相衔接"[4]的国际中文教育知识体系,"建立汉语国际教育高层次人才培养平台"[5],指出工作与学业之间的矛盾,以及"毕业后求职有一定风险"[6]等问题。已有研究虽对国际中文教育专业博士培养的一些问题展开了讨论,但缺乏对该专业博士培养的实践性的专题研究。

2020年9月25日,国务院学位委员会与教育部印发的《专业学位研究生教育发展方案(2020—2025)》提出,要"大力提升专业学位研究生教育质量"[7],博士专业学位研究生应"以提高实践创新能力为目标"[7],提高"解决实践中复杂问题的能力"[7],使"专业学位与职业资格衔接更加紧密"[7]。为此,我们将以职业需求为导向,将学生实践能力的提升作为重要基石,重点从国际中文教育专业博士培养要强化培养过程的实践性与其强化措施两个方面展开论述,以期能够提高国际中文教育专业博士教育水平,促进专业博士培养的改革与创新。

二、对外借鉴:国际中文教育专业博士人才培养应强调实践性

专业博士,即专业型博士,相对于学术博士而言,主要是为了满足特定社会职业的专业人才需求而设立的一种学位模式,与社会政治、经济、文化发展密切相关。这决定了专业博士必须具备特定社会职业所要求的专业能力和素养,能够运用专业领域的理论、知识和技能科学有效地从事本专业工作,解决专业实践问题,因此,在培养专业博士时应强调其职业性,凸显其实践性。

(一)酌外御今:国外专业博士

美国是最早设立专业博士学位的国家,第一个专业博士学位是于1920年由哈佛大学授予的,其后澳大利亚、英国先后于1990年、1992年也设立了专业博士。这些国家的专业博士教育经历了从第一代"修课模块+学位论文"的培养模式到第二代"混合课程+成果组合"的培养模式,再迭代为第三代"工作场所+自我反思"的培养模式,由注重学术性、研究性,专业博士与学术博士经纬不明、培养趋同,发展到目前专业博士教育"以实践为中心",强调实践性,具有学术性与职业性有机融合的特点。

翟海魂和李小丽(2020)[8]从专业博士的价值取向、职业与学术关系、学习主场所等角度分析了英国专业博士教育前两代与第三代的区别,指出前期强调实践性、职业性,第三代是以职业为导向的,"以促进职业领域发展为目标";学术性与职业性即理论与实践相融合,理论知识从实践中来,又运用于实践,"职业性是在一定学术水准下的职业性,而学术性则是体现职业性的学术性";学习者在工作场所的真实情境中实践、研究,解决实际问题。国外的专业博士培养实践启示我们,强调实践性是专业博士培养中避免与学术博士教育混淆的重要举措。

(二)择善从之:国内国际中文教育专业博士

2018年11月,全国汉语国际教育硕士专业学位教育指导委员会发布了《教育博士专业学位汉语国际教育领域研究生指导性培养方案(暂行)》,明确指出要培养"以职业需求为导向""理论基础与实践能力兼备"的"高级专门应用人才"[9]。2022年8月,世界汉语教学学会发布了符合时代特征的《国际中文教师专业能力标准》(T/ISCLT—2022),5大评价模块中有3项为能力标准,"高级别涵盖低级别的能力要求"[10],指出国际中文高级教师要具备指导其他教师的经验和能力。可见,国际中文教育专业博士教育在定位时非常明确,重视职业性、实践性,强化培养过程的实践性已成为国际中文教育专业博士未来发展的主要方向。实践性表现在提升专业博士的职业实践技能、加强在实践研究中的方法与能力的训练、培养在工作场所发现与解决实际问题及对实践进行反思的能力等方面。

三、多措促进:国际中文教育专业博士人才培养突出实践性的具体措施

(一)重构"交叉化、信息化、项目化"的课程体系

首先,国际中文教育涉及中国语言文学、外国语言文学、教育学、心理学、民族学、新闻传播学、哲学、中国史、世界史等学科,具有多学科交叉融合的特点。国际中文教育研究对象的整体性与复杂性使得在某一单科框架下进行专门化的研究很难形成系统、全面的正确认知。这一学科性质决定了国际中文教育专业博士必须具有多学科交叉融合的意识、知识与技能。培养院校应大力发展培育跨学科素养的有针对性的项目,重视跨学科交叉化研究方法的学习与实践,规定必须修读一定量的方法论课程,比如质性研究方法与定量研究方法。此外,在本专业领域设置一定量的跨学科选修课程,或者要求博士生必须选修其他相关院系的实践性

与工具性强的课程,或者还可以与其他学校进行合作,互认学分,进一步促进国际中文教育专业博士课程体系的交叉化、灵活化、实践化。

其次,大数据、互联网、人工智能、虚拟现实、ChatGPT 等现代技术在教学和管理中的广泛应用,形成了"互联网+高等教育"新形态。同时由于博士生原单位的规定等,有的博士生出国受限,无法赴海外开展教学实践,只能在国内开展线上或线下教育实践。此外《国际中文教师专业能力标准》规定高级教师要"能够为初、中级教师信息化教学提出指导性建议"[10]。这就要求国际中文教育专业博士具有较高的信息素养与信息化教学能力,以及出众的网络资源运用能力与线上教学能力。基于此,根据时代对国际中文教育专业博士的内外需求,在原有课程体系的基础上应增设现代教育技术与实践、线上国际中文教学实践等相关课程,这将有助于解决真实的教学问题,从而发展博士生的数字化胜任力,提高其线上教学成效。

最后,要开设基于工作、实践的研究项目课程。博士生通过第一阶段学术、专业知识与研究方法的学习,以及通过反思性实践进行知识开发后,要进入工作场所的学习与实践。国际中文教育专业博士在孔子学院(课堂)、外国中小学、海外相关国际岗位或模拟国际岗位进行教学或管理实践时,会遇到各种各样的复杂问题,而且"已有科研成果,在转换教学过程中也存在好用、不好用、不能用的区别"[11],因此博士生可以根据这些问题自己先行选择项目主题,再与学术导师、行业导师进行协商,最终确定项目主题、项目计划与方案,然后在自己的专业范围内通过项目来实践,使教育实践项目化。

(二)应用"四个一"的教学方法

为凸显国际中文教育专业博士人才培养的实践性,加强大学、专业领域和工作场所之间的联系,我们应用"一混合、一案例、一合作、一实践"的"四个一"的教学方法。

"一混合"即线上、线下混合教学。课程组织实施分为 3 步:学生借助网络教学平台和书籍先行探索—师生在真实课堂和网络教学平台上合作探究—学生在线上、线下拓展实践。课程的组织实施具体包括:(1)课前预习探索。学生课前在线下先根据教师在网络教学平台上发布的探究性导学问题,阅读相关电子资源或纸质的书刊,形成自己的初步理解。(2)课中合作探究。教师在课堂上与学生分析、交流,引导学生多讨论、多实践,并借助网络教学平台实施分组活动、调查问卷、抢答等课堂互动,深化学生与教师、同学之间的深度互动,提升学生的学习兴趣。(3)课后拓展。课后学生组成小组合作进行实践,撰写研究报告、活动方案等,提交到网络教学平台上。

"一案例"即案例分析。对国际中文教育中真实的典型情境进行分析,用批判性思维创造性地寻找解决问题的切入点。这样既能加深学生对理论知识的理解和掌握,又能提高学生分析问题、解决问题的实践能力。这就要求培养院校积极组织专人编写教学案例,成立案例中心,打造出一批优秀的精品教学案例。比如,在"语言分析与汉语语言要素教学"课堂上,讲授主题可为"汉语语法教学"。教师课前可以通过网络教学平台发放案例(不同教师针对同一语言点的教学设计与课堂教学视频),让学生提前观看,思考其优缺点,并查阅相关书籍,找出理论依据。课中教师采取翻转课堂模式,与学生对这一案例进行分析讨论,并要求学生就这一语言点自己设计教学方案。

"一合作"即合作探究。将所有的国际中文教育专业博士分成若干个小组,以小组为单位,组成专业实践共同体,一起修读课程、一起探究,开展有计划、有组织的专业学习活动。通过师生、生生合作进行讨论、交流,用探索、研究、实践等活动形式,理解、掌握知识、技能,以及科学的学习方法和与人合作的技巧。这样既能提高学生的团队合作意识和合作精神,又能激发他们的创新思维。

"一实践"即国际中文教育专业博士的职业实践。"知之要,未若行之实。"掌握了国际中文教育专业的知识、技能、研究方法等要旨,就要运用于实践,在工作场所发现问题,理论联系实践,提出解决问题的方案,并把方案置于实际工作中进行检验和修正,将所学转化为社会效益,以此提升实践能力和创新能力。比如,在国际中文教育教学中,留学生的作文里有"两个人一起共同挑水比一个人做方便得多。""我们俩共一块儿去。"这样的句子。这两个句子对不对?为什么?这就是国际中文教育专业博士在工作场所会遇到的实际问题,需要运用所学的理论来解决。通过研究发现这是协同副词连用共现的现象,第一句对,第二句错,是因为协同副词的共现顺序是有定则的,"总体上遵循'同时同地性'>'同时性'>'整体性'的位序",而"'共'由于韵律因素在与'一块儿'连用时不能互换"[12]。这些研究成果可以直接运用于实际教学中,提前告知学生。

(三)完善"全过程"的评价机制

对国际中文教育专业博士进行评价时要注重实践成果的产出,强化过程性评价,丰富评价维度,运用电子档案袋评价方式,形成"诊断性考核—形成性考核—终结性考核"一体化的"全过程"的评价机制。培养院校要为每名博士生建立电子档案袋,有效记录学生的整个学习、研究、实践生涯,严格实施电子档案袋的管理制度,让学生分模块、分项目、定时定量上传相关材料。

电子档案袋内容包括:(1)登记卡。学生记载他人对自己的正式评估与自我评估。(2)历程。学生记录自己所参与的各种研究、实践活动信息。(3)卷宗。学生长期以来的各种作品集,可以是读书笔记、课程论文、项目计划与方案、案例分析、调研报告、实践反思报告、学术交流报告、管理政策文件、开题报告、中期报告、预答辩报告等文本资料,以及精品课堂视频、精品微课、研发的教学平台、开发的教学软件等其他材料。学校根据电子档案袋内容的完成进度,捕捉学生在学校、工作场所中的真实学习情况,考察他们将知识和理论转化为实践的过程。另外,电子档案袋还能让学生充分了解自己进步的过程、特点、经验教训,从而有效提高反思能力,并促进专业发展。

(四)创建"虚实结合"的实践平台

"虚实结合"的实践教学是虚拟仿真实践教学和现场实践教学相结合,由虚拟实践平台、实体实践平台、指导教师和博士生4个要素组成的一种实践教学方式。培养院校可以与海外孔子学院、中小学或国内国际学校等机构创建国际中文教育专业博士工作站这一实体实践平台;还可以科技赋能,运用先进的计算模拟技术、虚拟现实技术和互联网技术创建虚拟实践平台,拓展实践教学的时空,虚拟实践平台不受时间和空间限制,实践功能齐全,不但可以解决在职博士工作与学业这一矛盾,还可以提高其信息化教学能力与管理能力。由于虚拟实践平台具有创建周期长、技术要求高、项目资金大等特点,因此,应在国家层面上建立国际中文教育专业博士虚拟实践平台的共享机制,合作共建、相互开放、有偿使用。

"虚实结合"的实践平台一般由长期扎根于一线的国际中文教育教学名师或优秀管理者担任行业导师,其与专业导师一起在实践平台上指导国际中文教育专业博士,激励博士生从国际中文教育教学及管理实践出发,将学校、工作场所、教学对象紧密结合,破解国际中文教育面临的瓶颈问题、关键问题,推动教育成果转化,提高实践能力、研究能力与反思能力。

四、结语

扩大博士专业学位研究生教育规模与大力提升专业学位研究生教育质量已成为我国目前专业学位研究生教育发展的主要目标。国际中文教育专业博士的培养从2018年只有7所试点院校,现已发展到21所院校,不但招收院校数量递增,而且招收人数也呈逐年递增的趋势。此外2022年国际中文教育专业博士点独立设置,对国际中文教育专业博士人才培养提出了新的挑战。因此,本文提出凸显人才培养实践性的4大举措:重构"交叉化、信息化、项目化"的课程体系、应用"四个一"的教学方法、完善"全过程"的评价机制、创建"虚实结合"的实践平台,以期为其他方向的专业博士人才培养提供参考。

参 考 文 献

[1] 李东伟,吴应辉. 国际中文教育相关专业外籍博士生人才培养研究[J]. 天津师范大学学报(社会科学版),2022(6):24-28.

[2] 王辉,沈索超. 国际中文教育专业博士生培养现状及对策[J]. 民族教育研究,2023(1):152-159.

[3] 李宝贵. 教育博士专业学位研究生招生问题的透视与改进——以汉语国际教育领域为例[J]. 教育科学,2019(5):82-91.

[4] 吴应辉,梁宇. 交叉学科视域下国际中文教育学科理论体系与知识体系构建[J]. 教育研究,2020(12):121-128.

[5] 仇鑫奕. 汉语国际教育高端人才培养平台建构思路[J]. 研究生教育研究,2015(2):74-80.

[6] 吴春相. 汉语国际教育人才培养中的转型和存在问题思考[J]. 枣庄学院学报,2019(1):1-7.

[7] 国务院学位委员会,教育部. 专业学位研究生教育发展方案(2020—2025)[EB/OL]. (2020-09-30)[2023-06-03]. http://www.moe.gov.cn/srcsite/A22/moe_826/202009/t20200930_492590.html.

[8] 翟海魂,李小丽. 英国专业博士学位教育价值取向的历史演变与启示[J]. 中国职业技术教育,2020(15):51-56.

[9] 全国汉语国际教育专业学位研究生教育指导委员会. 教育博士专业学位汉语国际教育领域研究生指导性培养方案(暂行)[EB/OL]. (2018-11-26)[2023-06-03]. http://grs.pku.edu.cn/zyxw/pyfa222/354184.htm.

[10] 世界汉语教学学会. 国际中文教师专业能力标准[M]. 北京:北京大学出版社,2022.

[11] 李东伟. 国际汉语教师专业发展中的问题与对策探究[J]. 黑龙江高教研究,2015(7):79-81.

[12] 沈莉娜,阎升光,李凤兰. 协同副词的内部连用[J]. 大家,2011(9):210-211.

汉语国际教育专业博士(留学生)古典诗词学习策略研究

张玲潇(华北理工大学)

摘　要:汉语国际教育专业博士(留学生)作为学习汉语的中高阶段留学生,在掌握汉语语言的同时,也要对中华文化内涵有深入的了解。中国古典诗词作为中华民族文化的瑰宝,是中华文化的载体,也是中华文化的精髓,因此,汉语国际教育中高阶段的留学生应该抽出更多时间学习中国古典诗词。本文从3个方面提出古典诗词的学习策略,分别是通过电影了解古典诗词的作者和创作背景、将古典诗词与现代音乐相结合辅助教学、选取经典的古典诗词作为学习文本。

关键词:汉语国际教育专业博士(留学生);古典诗词;学习策略

随着中国在世界上的影响力越来越大,世界越来越关注中国,汉语学习需求也不断增长,给汉语国际教育事业带来了机遇。汉语国际教育专业的招收对象也从本科生和硕士研究生扩展到博士研究生。作为中华文化的重要传播者,学习汉语的中高阶段留学生不仅要学习运用汉语交际的能力,还应该对中华文化有更深层次的了解,将汉语和中华文化一起传播到全世界。中国古典诗词是中华文化的重要承载者,学习古典诗词对于汉语国际教育专业博士(留学生)尤为必要,因此,本文将重点探讨针对该群体的古典诗词学习策略。

一、汉语国际教育专业博士(留学生)学习古典诗词的重要性

(一)中华文化的地位与重要性

从宏观的层面来说,汉语国际教育要传播中华优秀传统文化和民族精神,使其能够在全世界得到弘扬。中华民族有着悠久的历史和灿烂的文化,几千年的文明孕育了华夏民族的民族精神和基本特质。中国人的哲学思想、智慧和价值观在

基金项目:教育部中外语言交流合作中心2020年度国际中文教育研究课题"汉语国际教育博士(留学生)培养现状与优化方案研究"(20YH20C)。

悠久的历史中得以形成、沉淀和弘扬。学习和精通一门语言,包括学习语言知识和文化内涵两个部分,语言是文化的载体,文化是语言的精髓。汉语学习者不仅要学习汉语知识和提高交际能力,还需要了解中国人的特质,这些特质是中华文化的积淀,因此要想真正学好汉语,就要深入学习和了解中华优秀传统文化。汉语国际教育专业博士(留学生)作为中高阶段的汉语学习者,应将中华文化作为重要的学习内容。汉语国际教育应该选择既能够代表中华文化又被学生喜爱的文本,激发学生对中华文化产生浓厚的兴趣,进而提高学生的中文素养。

(二)古典诗词对于中华文化传播的重要性

中国古典诗词从最初的《诗经》到楚辞,从汉乐府到建安诗歌,从唐诗宋词元曲到明清文学,经历了两千多年的璀璨与辉煌。中华文化孕育了古典诗词,古典诗词是对中华文化的承载。每个时代的诗词都是对那个时代社会生活、民俗风情和文学艺术等方方面面的反映。因此,古典诗词可以作为学习中华文化的最佳文本。中国悠久的文化孕育了中华民族特有的民族心理和思考方式,古典诗词是中国古代人民智慧的结晶,对古代诗人和作品的理解,有利于理解现代人的思维方式,对语言交流有较大帮助。古典诗词蕴含着中华民族精神,承载着中华传统文化,是中华文化的缩影,也代表着中国人的传统思维。从汉语学习角度来说,汉语学习者对汉语的学习不应仅停留在对汉语语言知识的学习和掌握层面,还应了解更多中华文化。要想深入了解中华文化,学习古典诗词是一个有效的途径。中国古典诗词是汉语国际教育的重要授课内容,而唐诗宋词是古典诗词的高峰,选取唐诗宋词对汉语国际教育专业博士(留学生)开展教学,不仅能帮助学生了解中华文化,还能帮助他们掌握更多的中华优秀传统文化知识,提高文学素养,激发学习汉语的兴趣。从文化传播角度来说,学习古典诗词是传播中华文化的重要途径。古典诗词是中华文化的精髓,以古典诗词为依托,运用古典诗词所承载着的文化意义来进行教学,有利于传播中华文化。

二、汉语国际教育专业博士(留学生)学习古典诗词的策略

古典诗词不仅是历史文化的沉淀,也是中华文化的承载,集中体现了中国人的智慧,是学习汉语的载体。在对外汉语教学中,古典诗词是各阶段学生学习汉语的重要内容之一。由于古典诗词语言凝练、意境深邃,很多学生在学习古典诗词时存在困难,主要表现在古典诗词朗诵、记忆和理解等方面。针对这种情况,可以从以下3个方面着手寻求突破。

(一)通过电影了解古典诗词的作者和创作背景

对于处于汉语学习中高阶段并有较好汉语基础的汉语国际教育专业博士(留

学生)来说,教师在教学中可以尝试导入古典诗词的相关电影,引起学生的学习兴趣,使学生通过观看电影了解古典诗词作者的经历以及其所处的时代背景。例如,近期上映的电影《长安三万里》,以唐代大诗人李白和高适一生的友谊贯穿始终,其间穿插了唐代的重大历史事件,展示了科举取士制度,呈现了唐诗背后杜甫、王维、贺知章、孟浩然等诗人,以及乐师李延年、书法家张旭等盛唐文人群像,同时展现了中国西北边塞和江南水乡等的地域风情。电影较好地传达了中国古代的美学精神和盛唐风貌,将个人的理想追求放入时代洪流中去表现。中国古代文人深受儒释道文化的影响,不断对"入世与出世"进行着思考与践行,"学而优则仕",入世是千百年来中华民族的文化心理与基因。[1]这部影片可作为学习唐诗,尤其是李白诗歌的较好的教学辅助材料,有利于学生对李白的身世与精神性格的理解。李白因出身于商人之家,不能通过科举入仕这条路实现理想与抱负,只能通过干谒权贵来实现政治理想。第一次入长安时,因小人作梗,干谒失败,李白写下了《行路难》,"长风破浪会有时,直挂云帆济沧海",表达了有朝一日梦想终会实现的愿望。李白在接到征召二入长安,离别家乡时写下了《南陵别儿童入京》,"仰天大笑出门去,我辈岂是蓬蒿人",展现了李白积极入世和施展政治抱负的理想。在长安不被重用,受到排挤时,李白写下了《梦游天姥吟留别》,"安能摧眉折腰事权贵,使我不得开心颜",表达了未能实现政治理想的失意。李白被皇帝赐金放还后,误投永王李璘幕中,后被流放夜郎,遇赦后写下了《早发白帝城》,"两岸猿声啼不住,轻舟已过万重山",表达了当时的愉快心情。李白想要积极入世和施展政治抱负的理想伴随其一生,他的豪迈洒脱和救世情怀对留学生有一定的道德教育意义。

整部电影中出现了40多首古诗,电影最后"只要诗在,书在,长安就会在"是对盛唐诗歌精神的理解与诠释。这部电影中李白和高适一生追求理想的故事很打动人,可以使学生与影片主人公达成精神认同与情感共鸣。学生通过观看电影可以深入了解唐朝的历史背景、社会制度、诗人经历等,提升文化素养,加深对中华文化和古典诗词的理解。唐诗是中国古典诗词的高峰,诗歌中传达出了中国人的传统文化观,唐诗中蕴含了诗人积极入世和不懈追求理想的时代精神。这部电影体现了中华优秀传统文化和时代精神的结合,诗人们面临困境,经历时代变化后依然追寻理想和本心。电影以唐诗为载体,以诗人生平与国家命运之间的交错为线索,加深了观众对中华优秀传统文化的认同感,可以成为文化传承和推广的有力载体。教师可以通过电影《长安三万里》导入教学,引导学生热爱中华文化,发现中华优秀传统文化的魅力,探索中华优秀传统文化更广阔的精神世界。

(二)将古典诗词与现代音乐相结合辅助教学

人们在习得一门语言时大多有过这样的学习经历,就是反复听这种语言的歌曲。例如,我们在学习英语的过程中,通过听英语歌曲,不仅可以学到英语词汇的地道应用,还可以对英语语音、语调进行模仿,甚至可以在聆听和跟唱的过程中,体会作品的情感,并理解其背后的文化,达到较好的英语学习效果。同理,在汉语国际教育教学过程中,教师教授学生中国古典诗词时也可以配合音乐。可以将古典诗词改编成歌曲,使学生在听和跟唱的过程中感受古典诗词的魅力,理解作品的情感,掌握汉语语言的运用。将古典诗词与现代音乐相结合是学习汉语语言知识和文化知识的有效途径,寓教于乐,提高学习兴趣。学生通过对古典诗词的吟唱加深对诗词内容的了解,并进一步把握诗人的思想情感,从而达到更好的教学效果。

中国早期的古典诗词作品都是与吟唱密不可分的。《诗经》就是经民间传唱后被采诗官"行人"收集后结集而成的诗集。自古以来诗词与音乐就有很大的关联。将现代音乐与古典诗词相结合的方式给古典诗词传承与传播带来了新的思路。例如,白居易描写唐玄宗与杨贵妃爱情的《长恨歌》和表达个人际遇的《琵琶行》,两首长篇叙事诗都被改编成了优美的歌曲并广为传唱。苏轼的《水调歌头》中的"人有悲欢离合,月有阴晴圆缺,此事古难全。但愿人长久,千里共婵娟",表达了词人对亲人平安、健康的美好祝愿,其被改编成现代歌曲后,婉转动听,令人动容;张若虚的《春江花月夜》中的"春江潮水连海平,海上明月共潮生",表达了诗人对良辰美景的赞美等。这些长诗被改编成现代歌曲后,旋律优美,便于记忆与理解。汉语学习者通过聆听古典诗词改编成的歌曲,可以更好地领会作者创作诗词时的心境、表达的情感与当时的时代背景。教师在汉语教学中加入音乐元素,让学生体验古典诗词的音韵与思想,可以使古典诗词课堂教学变得生动有趣。学生在轻松欢快的氛围中学习古典诗词,有利于对古典诗词产生强烈的学习兴趣,提升跨文化交际能力,促进中华文化的对外传播。

(三)选取经典的古典诗词作为学习文本

几千年来,中国流传下来的古典诗词作品数不胜数,有各种形式,绝句、律诗、词、曲等不一而足,诗词主题也从爱国、亲情、友情、爱情,到山水、田园、风景及哲理等,无所不包。我们在针对汉语国际教育专业博士(留学生)进行古典诗词教学时,要选择经典的古典诗词作为学习文本。由于不同国家在民族文化、意识形态及价值观等方面存在较大差异,外国学生对中华优秀传统文化缺乏深入的了解,这更增加了对古典诗词的理解难度。因此,教师选择古典诗词时可以选择表达人类普遍情感的作品。

首先,亲情、友情、爱情是全人类共通的情感。很多诗人在与友人分别时写下了千古名篇,例如,王勃的"海内存知己,天涯若比邻"(《送杜少府之任蜀州》),高适的"莫愁前路无知己,天下谁人不识君"(《别董大》),王维的"劝君更尽一杯酒,西出阳关无故人"(《送元二使安西》),李白的"桃花潭水深千尺,不及汪伦送我情"(《赠汪伦》),李白的"故人西辞黄鹤楼,烟花三月下扬州"(《黄鹤楼送孟浩然之广陵》),这些诗都是古人友谊的见证。又如李白的《静夜思》是为思念家乡和亲人所作的,元稹的《离思》中的"曾经沧海难为水,除却巫山不是云"是对爱情忠贞的表达。上述这些关于亲情、友情、爱情的诗都可以作为学习文本。

其次,在选择古典诗词时可以围绕抒发个人理想、志向、抱负和对生命、万物进行哲学思考的主题。崔颢的《黄鹤楼》中的"黄鹤一去不复返,白云千载空悠悠",表达了作者对人生、历史、天地和宇宙之间关系的思考。陈子昂的《登幽州台歌》中的"前不见古人,后不见来者。念天地之悠悠,独怆然而涕下",展现了在广袤的时空背景中,诗人悲伤伤感,引发了关于生命的无尽思考。李白的《拟古十二首(其九)》中的"生者为过客,死者为归人。天地一逆旅,同悲万古尘",体现了李白对生命意义和价值的思考,富有哲学意味,诗人认识到人生天地之间就是一场短暂的旅行。[2]

最后,可以选择与中国传统节日相关的古典诗词。例如,王安石的《元日》,"爆竹声中一岁除……总把新桃换旧符",写出了庆祝传统节日春节时的放鞭炮、贴春联和门神等传统习俗。又如杜牧的《清明》:"清明时节雨纷纷,路上行人欲断魂……"清明节是中国的二十四节气之一,古人会在清明节扫墓寄托哀思,或者进行踏青、插柳等户外活动。孟浩然的《过故人庄》中的"待到重阳日,还来就菊花"和王维的《九月九日忆山东兄弟》中的"遥知兄弟登高处,遍插茱萸少一人",都提到了重阳节,古人在重阳节有登高、赏菊、插茱萸等习俗。此外,七夕是中国古代民间传说中牛郎和织女相会的日子,在农历七月七日这天晚上,妇女将瓜果、鲜花和胭脂等物品陈列在庭院中向天祈祷,以期拥有姣美的面貌,并对月引线穿针,以期双手灵巧。关于七夕的诗句有很多,如林杰的《乞巧》,"七夕今宵看碧霄,牵牛织女渡河桥。家家乞巧望秋月,穿尽红丝几万条",描写了乞巧节的盛大场景。这些中国传统节日是中华优秀传统文化的一部分,学习上述这类关于传统节日的诗词可以激发学生对中华文化的热爱之情。

三、结语

中国是一个诗的国度,中国古典诗词是中华民族上下五千余年文明发展进程中的耀眼明珠,它凝聚着中华民族一代代文人志士的精神追求和深沉情怀,是中华优秀传统文化的典型代表。中国古典诗词是对用字选词和押韵严格规范的文体,用词简练而意境深远,作品中蕴含着作者的人生观和处世哲学,反映了时代精神风貌和审美追求,折射出中国古代人民的生活习惯和思维方式。处于汉语学习中高阶段的留学生通过对中国古典诗词的学习,不仅能够领会诗词的韵律美和意境美,感受汉语语言之美,提高汉语诗词的鉴赏水平,还能够从诗词中感受中华优秀传统文化的独特魅力。

对于开展汉语国际教育的教师而言,在对外汉语教学中不仅要重视学生对汉语语言知识的学习和应用,还要加强中华文化的教学,注重引导外国学生对中华优秀传统文化与民族精神的理解,将中外文化进行对比教学,从而提升外国学生对中华文化的认同感,这是从事汉语教学的终极目标,也是预期达到的最佳教学效果。中国古典诗词可以成为中华文化教学较好的切入点。中华文化是世界文化的一部分,亲情、友情、爱情是人类共通的情感,热爱祖国、热爱生活、追求理想,是各国人民普遍的价值追求,这些是全世界人民可以共享的文化主题。汉语国际教育专业博士(留学生)通过对古典诗词的学习,不仅可以提升汉语文化素养,还能够了解中华优秀传统文化,感悟中华民族的精神风貌,成为中华文化在全世界的重要传播者。

参 考 文 献

[1]王辉,沈索超.国际中文教育专业博士生培养现状及对策[J].民族教育研究,2023(1):152-159.
[2]孙佳山.《长安三万里》:"唐诗宇宙"烛照中华民族现代文明[J].电影艺术,2023(4):62-65.

中国国际中文教育博士生导师群体特征研究

吕雨霏(华北理工大学)　李东伟(华北理工大学)

摘　要：自我国启动教育博士专业学位国际中文教育领域的招生工作后,该博士点近几年来发展迅速。国际中文教育领域的博士生导师群体对于该学科的发展及人才培养工作起着重要作用。探究国际中文教育领域的博士生导师群体的特征,有助于了解当前我国国际中文教育学科点的顶层师资力量。本文从博士点所属高校层次、类型,博士点导师的队伍建设情况,博士点导师的性别特征,博士点导师的专业化程度4个方面对我国国际中文教育领域的博士生导师群体进行了研究,经研究发现:博士点分布不均衡;博士生导师队伍建设不合理;博士生导师主要分布在重点综合类大学或者师范类大学,以男性为主;导师博士学位的学科背景均为文科等。因此,需要积极建立国际中文教育专业学位质量标准,加强中青年博士生导师队伍建设,培养女性导师队伍,以此来增强学科实力。

关键词：国际中文教育;博士点;博士生导师;群体特征

一、引言

21世纪以来,中国的综合国力不断提升,对中国感兴趣、对汉语感兴趣的人越来越多,想要学习汉语、学习中华文化的外国人与日俱增,因此也就更加需要教授留学生汉语的教师。2007年,国务院学位委员会办公室正式授权开设汉语国际教育硕士专业。通过11年的发展,2018年,我国开始在教育博士专业学位国际中文教育领域开展招生工作,目的是培养汉语国际教育和中华文化国际传播领域的复合型、职业型高端人才。[1]《研究生教育学科专业目录(2022年)》由国务院学位委员会、教育部联合印发,其将原来的"汉语国际教育"专业学位类别更名为"国际中文教育"专业学位类别。至今为止,国际中文教育学科已经正式建成本科、硕士、博士贯通培养的体系。

博士生导师是对博士生进行指导引领的专业教学和科研人员,是我国教育体

基金项目:教育部中外语言交流合作中心2020年度国际中文教育研究课题"汉语国际教育博士(留学生)培养现状与优化方案研究"(20YH20C)。

系和科研工作的中坚力量。因此对他们的研究十分有价值,可以了解当前该学科点的顶层师资力量。

本文以国际中文教育为样本学科,从博士生导师入手,通过分析博士生导师所处博士点的高校层次和类型、队伍建设情况、性别特征、专业化程度,进一步探讨了国际中文教育专业的博士生导师群体的特征,并提出了一些建议,以期为国际中文教育专业的学科发展提供一定的借鉴。

二、研究方法

文献法指的是先搜集整理文献,之后对其进行分析,最终发现事物的本质特征,这是一种常见的研究方法。本文以文献法为主,通过期刊、高校官网等收集有关国际中文教育博士生导师群体的资料。本文在广泛阅读和整理文献的基础上,了解国际中文教育博士生导师群体的特征,并对该群体进行分析。

三、理论基础

1984年,汉姆布瑞克和梅森提出了高阶理论。[2] 高阶理论主要强调高层管理人员和高层管理团队的特征对组织结果的重要影响。这一理论主要包含以下观点:高层管理人员根据自己的经验和价值观做出决策和战略选择,进而对组织产生重要影响。同时,根据高层管理团队的构成特征比根据高层管理人员的特征更能够预测组织结果。高阶理论主要关注可观察到的管理特征,如年龄、任期、职能背景、教育水平、社会经济背景和财务状况。这些特征会对组织的战略、绩效和创新等方面产生影响。[2] 近几年,随着研究的深入,越来越多的关注点被放在了高层管理人员和高层管理团队的特征对组织结果的影响上,包括年龄、任期、教育水平及一些复杂的心理学变量。

总之,最初的高阶理论是从个体特征角度入手,探讨个体的背景和经验对于他们所做出决定的结果的影响。后来汉姆布瑞克等又进行了进一步的阐述,他提出要想了解一个企业的运行情况,就必须了解企业的管理层,而且相比于个体管理者的资料,高层管理团队的整体资料更有可信度,所以高阶理论被用来对博士生导师的群体特征进行分析是比较恰当的。[3] 本文以高阶理论为依据,对高阶理论中的研究内容和次序进行了适当的调整,分为博士点所属高校层次、类型,博士点导师的队伍建设情况,博士点导师的性别特征,博士点导师的专业化程度4个方面,归纳出这一群体的整体特征。在对高阶理论中的研究内容和次序进行了合理的调整之后,我们可以看到,高阶理论在不同类型高校、不同学科及不同阶段的博士生导师群体中,具有不同的适用范围。

四、数据搜集与分析维度

（一）数据搜集

本文所用数据资料，均来自各国际中文教育专业博士点的官网，共搜集到21个博士点、109名博士生导师的资料。需要说明的是，本文仅对专业代码为045174的国际中文教育专业的博士点及博士生导师的信息进行汇总，此专业的学术博士点及博士生导师不纳入汇总范围。

本文收集材料的时间截至2023年4月末。笔者对21个博士点的基础资料和109名博士生导师的资料进行了详尽的检索。然而，一些博士点的官方网站上的资料并不完整，因此，通过对收集到的博士生导师的资料进行初步的筛选，笔者共选出20个博士点、109名博士生导师的资料，其可以较好地反映目前国内国际中文教育领域博士点及博士生导师群体的基本情况。

（二）分析维度

本文主要从国际中文教育领域的博士点所属高校层次、类型，博士点导师的队伍建设情况，博士点导师的性别特征，博士点导师的专业化程度4个维度，分析了我国教育博士专业学位国际中文教育领域博士生导师群体的特征。[4]

1. 博士点所属高校层次、类型

通过对开设国际中文教育专业博士点的高校的共性与差异进行分析，本文按照高校层次将这些高校划分为"985工程"高校、"211工程"高校、地方高校3个层级，并将这些高校划分为综合类、师范类两个类型。分析博士点所属高校层次、类型的信息，可以呈现我国不同层次、不同类型的高校国际中文教育专业博士点的建设情况。

2. 博士点导师的队伍建设情况

博士生导师数量是否适宜、职称结构是否恰当和年龄层次分布是否协调是博士生导师队伍的特征的重要体现。因此，博士生导师队伍的规模、质量及其结构特点是分析国际中文教育博士点整体实力和水平的重要方面。本文将博士生导师规模分为4个层次：1~3人；4~5人；6~10人；≥11人。导师年龄分为5个阶段：≤45岁；46~50岁；51~55岁；56~60岁；≥61岁。导师职称分为两个层级：教授和副教授。

3. 博士点导师的性别特征

目前相关研究显示，学术界的组织结构存在性别不平衡的现象，男性学者在其中占据主导地位,女性学者人数较少、成就偏弱、地位较低。[5] 国际中文教育专业属于教育类,是女性学者集中的研究领域之一。了解国际中文教育专业的女性博士生导师的基本情况,以及男、女博士生导师之间的差异,能在一定程度上反映出女性博士生导师在国际中文教育研究中,以及在博士生培养中的学术表现力及话语权情况。

4. 博士点导师的专业化程度

博士点导师的专业化程度可以通过以下4个方面进行衡量:取得的最高学历及学科背景、海外教学经历、海外留学经历,以及是否担任行政职务。一个人的知识储备,一方面,可以从学历、学科背景等方面看出来;另一方面,国际中文教育专业需要理论与实践的紧密结合,因此是否有海外教学经历、留学经历,以及在行政岗位上是否任职等也是同等重要的。这些方面可以反映出博士生导师在学术领域的研究深度和广度,以及其国际化水平和科研能力的水平。本文将博士生导师的职务大致划分为5类:高校校级领导、高校行政部门处级领导、高校二级学院院长、教育行政部门处级及以上领导、社会科研机构处级及以上领导。

五、研究结果

本文选取的20个国际中文教育专业博士点及109名博士生导师的基本情况见表1。通过对国际中文教育专业博士点及博士生导师队伍的情况的描述汇总分析,我们发现其具有以下几个基本特征。

表1 20个国际中文教育专业博士点及109名博士生导师的基本情况

分析维度		数量	占比
高校类型(20个)	"985工程"高校	3	15%
	"211工程"高校	7	35%
	地方高校	10	50%
导师规模(20个)	1~3人	6	30%
	4~5人	4	20%
	6~10人	9	45%
	≥11人	1	5%
导师性别(109人)	男	74	68%
	女	35	32%

续表1

分析维度		数量	占比
导师年龄(72人)	≤45岁	2	3%
	46~50岁	11	15%
	51~55岁	21	29%
	56~60岁	23	32%
	≥61岁	15	21%
导师职称(108人)	教授	107	99%
	副教授	1	1%
导师职务(79人)	高校校级领导	3	4%
	高校行政部门处级领导	3	4%
	高校二级学院院长	56	71%
	教育行政部门处级及以上领导	5	6%
	社会科研机构处级及以上领导	12	15%
导师学历(106人)	硕士	4	4%
	博士	75	71%
	博士后	27	25%
导师博士学位的学科背景(65人)	教育学	3	5%
	文学	32	49%
	语言学及应用语言学	11	17%
	其他	19	29%
海外教学经历(26人)	任教讲学	22	85%
	担任孔子学院中方院长	4	15%
海外留学形式(22人)	攻读博士后	2	9%
	担任访问学者	13	59%
	攻读学位	4	18%
	进修	3	14%

注:在各高校官网上对博士生导师的年龄、职称、职务、学历、博士学位的学科背景、海外教学经历、海外留学形式进行检索时发现,有的信息不全,故表中个别项只统计显示了相关信息的导师。

(一)博士点分布不均衡

1. 博士点分布广泛但并不均衡

博士点分布在12个省、4个直辖市,但数量上分布并不均衡。博士点主要分布在综合实力较强的高校,并且高校所处省份的经济实力较强。如图1所示,北京市(3个)、江苏省(2个)、广东省(2个),这3个省级行政区在本次共调查的20个博士点中,所占比例合计达到35%。另外13个省级行政区的博士点都只有1个。

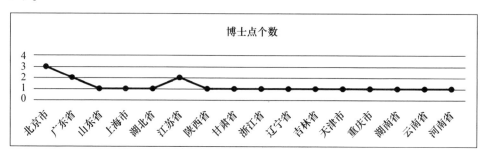

图1 国际中文教育专业博士点的区域分布情况

2. 博士点所处高校的层次与类型分布不均衡

如图2所示,首先,从博士点分布的院校层次上看,共有3所"985工程"高校开设国际中文教育专业博士点,占比为15%;共有7所"211工程"高校开设国际中文教育专业博士点,占比为35%;共有10所地方高校开设国际中文教育专业博士点,占比为50%。从博士点所占比重可以看出目前国际中文教育专业博士点主要集中在地方高校和"211工程"高校。其次,从博士点分布的高校类型来看,国际中文教育专业博士点分布在师范类和综合类高校,20个博士点中,分布在师范类高校的博士点共有16个,占比为80%;分布在综合类高校的博士点有4个,占比为20%,可以看出国际中文教育专业博士点主要分布在师范类高校。

(二)导师队伍建设不合理

1. 博士生导师队伍的规模不合理

国际中文教育专业共有20个博士点、109名导师,每个博士点安排5~6名博士生导师较为适宜,但实际情况与此有出入。如表2所示,博士生导师队伍的人数为1~3人的占比为30%;博士生导师队伍的人数为4~5人的占比为20%;博士生导师队伍的人数为6~10人的占比为45%;博士生导师队伍的人数为11人及以

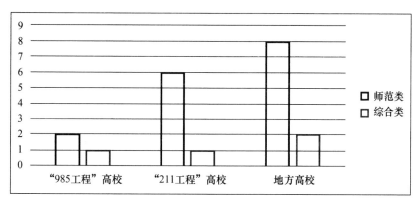

图2 国际中文教育专业博士点所属高校的层次与类型的分布情况

上的占比为5%。总体来看,博士生导师队伍的人数为6~10人的占比最大,但导师队伍在1~3人的博士点所占比重也相对较大,这会导致博士点的博士生导师人手不够。除此之外,还可以发现不同类型、不同层次的高校,博士生导师队伍的人数相差较大。例如,3所"985工程"高校的博士生导师队伍的人数均在6~10人,而10所地方高校的博士生导师队伍的人数则是参差不齐的。

表2 国际中文教育专业博士生导师队伍的规模分布

高校类型和层次		1~3人		4~5人		6~10人		≥11人		合计	
		数量	占比	数量	占比	数量	占比	数量	占比	数量	占比
高校类型	综合类	1	5%	1	5%	2	10%	0	0	4	20%
	师范类	5	25%	3	15%	7	35%	1	5%	16	80%
高校层次	"985工程"高校	0	0	0	0	3	15%	0	0	3	15%
	"211工程"高校	2	10%	2	10%	3	15%	0	0	7	35%
	地方高校	4	20%	2	10%	3	15%	1	5%	10	50%

2. 博士生导师队伍年龄结构不合理

如上文表1所示,博士生导师中61岁及以上的比例为21%。博士生导师的年龄大多数在51~60岁,这个年龄段的博士生导师经过了岁月的沉淀,有着丰富的知识储备、较多的实践经验,以及较多的教学资源,他们是学科建设的主力军,可以帮助博士生提高实践能力,并且这个年龄段的博士生导师的心态会更加平和,比较适合指导博士生。在表1中还可以看到,50岁及以下的博士生导师是较少的,72名博士生导师(可查到年龄的博士生导师)中仅有13名,约占18%。这表明,在博士生导师中,青年人才的数量还不够多,相对来说,青年人才的力量还很薄弱。因为高校官方网站和百度百科上的资料有限,一些博士生导师的年龄并没有公布,所以这个数据与实际情况可能会有一些出入。

(三)导师性别差异显著

在年龄、学历、职称、职务方面,国际中文教育专业的男、女博士生导师也有一些差异,具体情况对比见表3。

表3 国际中文教育专业的男、女博士生导师的具体情况对比

性别		男		女		总计	
		数量	占比	数量	占比	数量	占比
角色	博士生导师	74	68%	35	32%	109	100%
年龄	≤45岁	2	3%	0	0%	2	3%
	46~50岁	7	10%	4	5%	11	15%
	51~55岁	13	18%	8	11%	21	29%
	56~60岁	19	26%	4	6%	23	32%
	≥61岁	15	21%	0	0%	15	21%
	小计	56	78%	16	22%	72	100%
学历	硕士	2	2%	2	2%	4	4%
	博士	47	44%	28	27%	75	71%
	博士后	23	21%	4	4%	27	25%
	小计	72	68%	34	32%	106	100%
职称	教授	73	68%	34	31%	107	99%
	副教授	0	0%	1	1%	1	1%
	小计	73	68%	35	32%	108	100%
职务	高校校级领导	3	4%	0	0%	3	4%
	高校行政部门处级领导	3	4%	0	0%	3	4%
	高校二级学院院长	43	54%	13	16%	56	71%
	教育行政部门处级及以上领导	2	3%	3	4%	5	6%
	社会科研机构处级及以上领导	9	11%	3	4%	12	15%
	小计	60	76%	19	24%	79	100%

(1)在博士生导师的数量方面,男性博士生导师共74人,所占比例为68%,女性博士生导师共有35人,所占比例为32%。根据对男、女博士生导师人数比例的观察发现,女性博士生导师的比例略低于男性博士生导师的一半。

(2)在博士生导师的年龄方面,在55岁及以下年龄段,男性和女性博士生导师的数量差异不大。然而,随着年龄增长,男性博士生导师的数量远远多于女性。当博士生导师年龄超过55岁时,男性导师的比例为47%,而女性导师的比例仅为6%。相关研究结果显示,随着女性学者年龄的增长,可能存在缺乏动力的问题,具体原因尚需进一步研究和分析才能得出结论。

(3)在博士生导师的职称方面,男性博士生导师的职称均为教授,而女性博士生导师中有一名导师职称为副教授。可以观察到女性博士生导师获得教授职称的比例相对于男性博士生导师略低。学术职称是评估高校教师学术水平的重要标准,主要考察教师在学术职业规划、学术交流方面的投入,以及其学术成果对提升学术水平的贡献。

(4)在博士生导师的职务方面,通过研究结果可以发现,男性博士生导师中有60人承担行政职务工作,占比为76%,而女性博士生导师中有19人承担行政职务工作,占比为24%。相关数据显示,在一定程度上,女性博士生导师更倾向于专注于自己的教学辅导工作,而男性博士生导师则更倾向于同时从事专职和兼职两项工作。这也表明男性博士生导师更喜欢兼顾多个职务,而女性博士生导师更倾向于专心从事教学工作。

(四)导师专业化程度较高

国际中文教育专业的博士生导师通常具有较高的专业素养,本文主要通过考察博士生导师的学历和博士学位的学科背景、海外教学经历、海外留学形式等来评估他们的专业化程度。

(1)从博士生导师的学历结构可以推断导师的教育背景和专业能力水平。根据上文表3的数据可知,有小部分(4%)博士生导师的最高学历为硕士,大多数(71%)博士生导师的最高学历为博士,还有一部分(25%)博士生导师具有博士后学位。在拥有博士学位(包括博士和博士后)的102名导师中,65名博士生导师拥有较为清晰的专业背景,他们的学科分布依次为:文学(49%)、语言学及应用语言学(17%)、教育学(5%)与其他(29%)等。由此可见,国际中文教育是一门交叉学科,不仅要学习文学方面的知识,还要学习语言学及应用语言学、教育学等方面的知识,所以,博士生导师群体可以来自多个领域。从统计资料来看,国际中文教育博士生导师队伍的专业化程度较高。

(2)国际中文教育不仅涉及理论知识的学习,更注重实践,导师的海外实践经验十分重要,这种经验可以运用在教育教学中以更好地指导学生。本文作者调研发现,有海外教学经历的博士生导师有26人,其中在海外进行任教讲学的导师有22人,其余4人曾担任孔子学院中方院长。这26名博士生导师的海外教学时长都在1年以上,有较多实践经验,可以更好地指导博士生进行学习及实习。除以上26名博士生导师外,其余博士生导师的简介未表明其是否曾担任外派教师或孔子学院中方院长,因此存在部分数据缺失的情况。总体来说,海外教学经历对于提高博士生导师的对外教学能力很重要。

(3)当前国际中文教育专业正处于迅速发展阶段,在发展道路上还存在一些问题亟待解决,博士生导师的其他语言学习历程对于解决这些问题起着关键作用。海外留学经历能够帮助博士生导师提高学术水平,但海外留学形式却因人而异。本文将博士生导师的海外留学形式分为攻读学位、攻读博士后、担任访问学者、进修4种。通过上文表1的调查可知,在109名博士生导师中共有22人有海外留学经历,其中有13人担任访问学者,占比为59%;攻读学位4人,占比为18%;进修3人,占比为14%;攻读博士后2人,占比为9%,这说明担任访问学者出国学习的人数较多。除此之外,还有一些博士生导师没有海外留学经历。总体来说,博士生导师出国学习很重要,可以开阔视野,帮助其更好地开展博士生培养工作。

六、国际中文教育博士生导师群体现状

通过上述对本文选取的国际中文教育专业20个博士点的109名博士生导师状况的分析,可以得出以下结论。

(一)博士点分布不均衡

国际中文教育专业博士点存在地域分布不均衡的问题,博士点主要集中在经济发展速度较快的省级行政区,如北京市(3个)、江苏省(2个)、广东省(2个),相对于其他地区,这些地方的高校、研究机构等的科研资源相对丰富。此外,博士点所在高校的层次和类型也有一定的不均衡性,多集中在综合排名较靠前的综合类和师范类高校。国际中文教育专业博士点的分布状况与区域经济发展状况密切相关,导致国际中文教育专业博士点的发展水平、布局具有不稳定性,进而影响到国际中文教育的科研力量、学科建设,最终造成国际中文教育专业博士点分布不均匀。针对博士点建设来说最重要也是最核心的问题是"为什么设立""谁设立"和设立基础[6],所以,国际中文教育专业博士点分布的影响因素仍需深入研究。

(二)博士生导师队伍建设不合理

国际中文教育博士生导师队伍建设是博士点和学科建设的核心工作,目前博

士生导师队伍存在人数较少、年龄偏大等问题。例如,56岁及以上的博士生导师占总数的53%,这说明大部分博士生导师在未来几年可能会出现动力不足的情况,如果其退休,大部分博士点的导师人数会削减许多。所以,亟须扩大国际中文教育博士生导师队伍,增加青年导师的数量,并加快培养和选拔优秀的青年导师,从而保持国际中文教育博士生导师队伍的活力和稳定发展。

(三)博士生导师队伍性别差异显著

数据显示,女性博士生导师的比例相对较低,担任行政职务的人数也相对较少,相比之下男性博士生导师的数量较多。这都反映出女性博士生导师在国际中文教育领域中处于相对弱势的地位,显示出我国国际中文教育领域男性博士生导师占据主要地位。因此,女性博士生导师的职业发展和职位晋升,还需要政府、社会、学校给予更多的关注和扶持。

(四)博士生导师队伍专业化程度较高

从上文可以看出,国际中文教育博士生导师中最高学历为博士的占大多数,并且一部分博士生导师具有海外教学经历及海外留学经历,这都说明国际中文教育博士生导师具有较高的专业化程度。但是通过调查也发现,具有海外教学经历及海外留学经历的博士生导师所占比重并不大,因此博士生导师的培养工作需要进一步完善。

七、针对国际中文教育专业博士点建设的建议

基于对我国国际中文教育博士生导师群体特征的分析,提出以下几点建议。

(一)建立国际中文教育专业学位的质量标准

《国家中长期教育改革和发展规划纲要(2010—2020年)》指出:"制定教育质量国家标准。"国际中文教育专业如果想要更快地发展,建立并完善国家标准是重中之重。由于国际中文教育专业学位博士点开设时间较短,培养方案仍在不断修正。当前全国汉语国际教育专业学位研究生教育指导委员会应根据社会的需求和学生的从业现状进行调查论证,不断调整博士生的培养方案,并将其作为标准,强化对博士点的考核和培训,从而制定并完善国际中文教育专业学位的质量标准。同时,也要构建国际中文教育理论与实践的贯通机制,要注重理论研究和实践的结合,提高国际中文教育的学科自信心。在博士生导师队伍中,有很多导师既有丰富的理论知识储备,又有较多的实践经验支撑,既是研究者,又是实践者,他们是推动国际中文教育专业发展的主力军,推动了专业的科学研究、人才培养

和队伍建设,如何有效利用导师这一资源,需要不断地探索。

(二)加强青年博士生导师队伍建设

本次调研发现,博士生导师的年龄绝大部分在45岁及以上,超过一半的博士生导师年龄在55岁以上,这说明国际中文教育博士生导师队伍处于老龄化阶段。在未来几年,当部分博士生导师退休后,有相当一部分学校会出现博士生导师严重缺失的现象。因此,培养青年博士生导师十分重要。青年导师具有学历高、科研能力强等优点,高校应选拔实践能力强、有丰富知识储备的青年教师担任博士生导师。高校可对国际中文教育专业的博士生导师选拔办法进行改革,将博士生导师选拔的范围扩大至副教授或讲师,打破"身份制""终身制",博士生导师主要作为指导、培养博士生的重要工作岗位。高校可以在全校范围之内,实行"新聘教学科研岗位的教师直接确认导师资格",也就是将博士生导师资格审核前置,将其放到教师的聘任过程当中,在全世界范围内选拔一批有德有才的年轻教师,充实到导师队伍当中,让导师队伍的实力得到持续的充实和强化。[7]

不过青年教师担任博士生导师也存在一些问题,例如,情绪把控能力不足、缺乏指导经验。针对这种情况,可以请有丰富经验的博士生导师为其答疑解惑,从而更快、更好地培养青年博士生导师。

(三)关注女性博士生导师的职业发展

国际中文教育博士生导师队伍中存在一定的男女比例失调问题,男性博士生导师较多,女性博士生导师较少,因此女性博士生导师有着较大的发展空间。国家及高校可以给予适当政策支持,给予女性博士生导师更多的发展机会。社会、高校可以设立女性研究基金,培养女性博士生导师的科研能力,同时加大激励力度,例如设立女性优秀人才奖等。[8]

(四)重视博士生导师的培训

有学者指出在培养本土汉语教师时,应注意教师能力的复合化,至少应将汉语教师分为教学型和研究型。教学型汉语教师应该具备扎实的汉语知识储备,具有较强的口语表达能力和跨文化交际能力,有一定的教学技巧和方法。研究型汉语教师是指除了具备教学型教师的基本能力外,还精通文学、历史、思想史的学者。对于研究型教师来说,研究性工作更为重要。[9]对于国际中文教育博士生导师的再培养应该注重其能力的复合化,要让其成为汉语教学和汉语研究专家,对于国际中文教育专业的教师而言,实践也很重要,因此在教师担任博士生导师之后,国家及高校也要为其提供一些赴外教学或者赴外学习的机会。国际中文教育专业崇尚"做中学",教师在赴外教学或学习后,会更了解当前本学科需要培养什么样的人才,从而更好地培养博士生。教师在赴外教学或学习后,可以将其他语言传播、发展的历程与中文传播进行对比,从而在之后的教育教学工作中更好地改进教学方法。

参 考 文 献

[1] 李宝贵.教育博士专业学位研究生招生问题的透视与改进——以汉语国际教育领域为例[J].教育科学,2019,35(5):82-91.

[2] HAMBRICK D C,MASON P A. Upper echelons:The organization as a reflection of its top managers[J]. The Academy of Management Review,1984,9(2):193-206.

[3] FINKELSTEIN S,HAMBRICK D C. Strategic leadership:Top executives and their effects on organizations[M]. MN:West Publishing Company,1996.

[4] 殷淑芬,黎瑛.我国教育经济与管理学专业博士生导师群体特征研究[J].萍乡学院学报,2020,37(1):91-97.

[5] 余秀兰,牟宗鑫,叶章娟,等.高等教育研究领域中的女性——基于对《高等教育研究》2001—2010年的载文分析[J].高等教育研究,2012(6):52-58.

[6] 车如山,刘文霞.论我国高等教育学学位点布局的不均衡性[J].国家教育行政学院学报,2009(3):44-46.

[7] 尹丹,黄俊平,瞿毅臻.博士生导师遴选制度的改革、成效和思考——基于北京大学的探索与实践[J].学位与研究生教育,2021(5):16-20.

[8] 杨春.女性硕士生和博士生导师的状况与发展——基于女性硕士生和博士生导师的数据统计[J].山东女子学院学报,2014(4):22-26.

[9] 李东伟.大力培养本土汉语教师是解决世界各国汉语师资短缺问题的重要战略[J].民族教育研究,2014(5):53-58.

表达驱动教学理念在高级阶段留学生专业学习中的应用

张钰祚(华北理工大学)

摘　要:随着我国经济的高质量发展和"一带一路"倡议的提出,越来越多的外国留学生选择来华接受高等教育,更多的院校开展了来华留学生教育项目,提高教学质量,尤其是提高高级阶段留学生的教学水平成为新的挑战。本文旨在从以下几点讨论表达驱动教学理念在高级阶段留学生专业学习中发挥的作用:将表达驱动教学理念的主要观点与留学生专业学习融合;将表达驱动教学理念与中文专业论文写作融合;运用表达驱动教学理念激发留学生的学习兴趣。

关键词:国际中文教育;表达驱动教学理念;高级阶段留学生

一、表达驱动教学理念概述

(一)概念界定

表达驱动教学理念由天津师范大学校长钟英华于2022年在"中美高校教师汉语文化研究与教学论坛"上首次提出,是针对国际中文教育的实际问题而提出的创新性教学理念。[1]

表达驱动教学理念是国际中文教育创新教学方法的一次具有广泛适应性和吸引力的尝试,该理念结合海内外非中文母语学习者的需要,以学习者真实的表达需求为驱动,以地道的言语输入促进有效表达,以提高教学效率、优化教学效果为目的。表达驱动教学理念是从"说有内容、真正想说的话,写有内容、真正想写的字"出发,探究"从言语到语言再到言语"的国际中文教育模式。通过营造立体的教学情境和系统的教学设计,教师和学生始终保持充分的交流与互动,教师在教学活动中不断促使学生"调整性输出",提升其语言表达能力。邹为诚等在《"语

基金项目:教育部中外语言交流合作中心2020年度国际中文教育研究课题"汉语国际教育博士(留学生)培养现状与优化方案研究"(20YH20C)。

言体验"的教育学理论研究》中提到,"调整性输出"是指学习者在体验交际效果的基础上调整自己的输出。[2]表达驱动教学理念以发展学生的语言能力、满足学生的交际需求为出发点,旨在提高学生实际运用中文的能力,从而培养适应社会发展的高素质人才。

(二)语言学基础

表达驱动教学理念是在社会语言学的基础上产生的一种新型教学理念。从语言学的发展历程可知,语言学的研究存在形式主义与功能主义两大阵营。近30年语言学发展的一个主要特点是语言研究的重点从语言的结构和形式转向语言的功能和使用[3]。社会语言学日益受到重视并不断取得进展。随着社会语言学的发展,国际中文教育也在不断创新,表达驱动教学理念便是伴随社会语言学的发展而出现的一种新理论。

社会语言学家海姆斯首次提出"交际能力"的概念。"交际能力"指一个人的语言能力不仅在于能说出合乎语法的句子,还包括能在一定的语言环境中恰当地使用语言的能力,也就是在不同的时间、地点、交际场合与不同的人成功进行交际的能力。[3]表达驱动教学理念即以学生的交际表达需求为驱动力,在语境中表达,将语言知识应用于实践。

在社会语言学的诸多分支中,语用学比较重视语境、文化、语言之间的关系探讨。国际中文教育亦如此,课堂中教授的语音、语法、词汇不仅要解决"说什么"这一基本问题,更要解决"对不同的人如何说""不同情境下如何说"等问题。语境制约着言语交际,而表达驱动教学理念从一开始就让学生意识到语境的制约,训练学生在不同的对话中领会语境的作用。语言本身具有模糊性,在某些情况下会产生歧义。不同于传统教学中对学生按照语法规则进行逐字逐句的教学,表达驱动教学理念将学生置于完整的语境中,让学生在上、下文的辅助下全面、准确地理解不同句子的含义。所以,表达驱动教学理念指导下的国际中文教育,能够使中文学习者产出的言语更为规范、得体,并且适用于各个阶段的中文学习者。

(三)心理学基础

心理学是研究心理现象及其规律的学科[3],语言教学是由教师和学生共同参与的教学活动,受心理学影响较大。表达驱动教学理念的心理学基础是驱力理论,其主要代表人物是美国心理学家伍德沃斯和赫尔。

驱力理论表现为:留学生在日常生活交际中受到真实表达需求的驱动,主动学习与之相关的语言知识和表达方法,掌握语言知识和表达方法后在交际中运用、强化,在恢复到平衡状态后,等待下一个表达需求的出现。本文讨论的高级阶段留学生大部分已经具备在日常生活中成功进行交际的能力,因此对于高级阶段留学生来说进行更专业的表达的动力来自对专业知识的渴望和学习任务的驱动。

此外,奈塞尔提出的认知心理学,把人看作是能够运用自身内在资源与周围环境发生作用的有机体,认为应重视人的作用,揭示人的本质,其对表达驱动教学理念的提出也起到了积极作用。高级阶段留学生的学习风格偏向于独立自觉,我们应合理利用此阶段留学生强大的主动探索能力,引导其将表达欲望转化为实际表达行为。

二、高级阶段留学生的学习特点

外国留学生来华接受高等教育的发展过程受到许多现实因素的影响,如政治、经济、文化、外交等政策的影响。高等教育国际化是许多国家的共识,有助于推动各国高等教育的发展。高水平的留学生不但可以促进国际交往,还能够向国际传播本国文化与价值观念,从而提高本国高等教育的国际地位,更好地发挥本国高等教育的国际作用。近年来,我国一直在不断推进来华留学生教育政策的完善和教育质量的提升。

来华留学生的生源质量千差万别,但各个阶段、各个专业的留学生学习都建立在有良好的、流畅的、得体的中文表达的基础上。因此,推动留学生中文水平的提高是我国高等教育国际化步伐向前迈进的重要一步。

高级阶段留学生已经具备日常生活交际的能力,所以就语言学习来说,需要进一步提高的是使用专业语言对自己的理解进行阐述和使用书面语撰写专业论文的能力。

从我国大部分设有留学生项目的院校所规定的学制来看,外国留学生来到中国的前2~3年主要接受中文和部分专业课的学习,并且中文课程的课时占比达到50%以上。大部分高级阶段留学生已经完成了基础的中文学习,并且具备了熟练运用中文进行交际的能力,对新环境的适应能力和自我控制能力较强。因此,高级阶段留学生的任课教师除了培养留学生的专业知识和技能外,主要任务是引导留学生运用中文思维进行思考,从而高效、准确地表达出对专业知识的理解或研究课题的结论,完成专业论文的写作。

三、表达驱动教学理念在高级阶段留学生专业学习中的应用

(一)将表达驱动教学理念的主要观点与留学生专业学习相融合

由于教师的授课语言本身也是留学生学习内容的一部分,因此作为高级阶段留学生的教师要善于根据所授课程和教学对象的特点,积极探索、创新有效的教

学方法；在对专业课程进行教授的同时让留学生对中文本体知识耳濡目染，进一步提高留学生的中文表达能力。表达驱动教学理念下的教学符合高级阶段留学生的学习目标，并且能恰当地与专业知识学习进行融合。

表达驱动教学理念的观点：第一，以学习者的真正需求驱动有效表达。在对高级阶段留学生进行教学的过程中，教师要利用他们对专业知识的渴望和在学业任务的压力的推动下产生的使用专业用语进行表达的需求，驱动留学生进行表达。第二，关联"输入"和"输出"，实现高效表达。高级阶段留学生在课上接受的教师专业用语的输入和阅读文献时接受的书面语的输入，都可以在课下进行师生、生生讨论时在丰富的语言环境中进行应用和巩固。第三，地道的言语输入是实现有效表达的前提。人们有这样的共识，"写出来的，大多是看过的""说出来的，大多是听过的"，"要写的"与"看过的"以及"要说的"与"听过的"之间的关联紧密程度决定了"写出来"和"说出来"的成效。由此，基于需求的有效表达源于"输出"与"输入"的链接，足够的输入是实现输出的必要基础，为留学生提供鲜活的、真实的言语是关键。教师应在高级阶段留学生的教学中通过多种渠道、运用可理解的专业语言激发留学生对专业知识的思考和表达欲望。

（二）将表达驱动教学理念与中文专业论文写作相融合

表达既包括"交际表达"，也包括"写作表达"，因此在指导高级阶段留学生进行专业论文写作时也可以采用表达驱动教学理念。

写作作为中文学习的重要构成部分，也是留学生的必备技能。高级阶段留学生的听、说、读这3项技能也许有了很大进步，但是在汉语写作方面尤其是在专业论文写作方面仍有较大的提升空间，写作教学仍是中文教学的难点与短板。高级阶段留学生的语言学习中，写作是知识点与能力的综合体现，提升写作能力具有重要的价值。[3]从现实角度来说，虽然中文写作对于留学生来说是非常困难的，但出于实际需要，写作能力又是亟待提高的。例如，攻读学位的留学生需要完成专业论文的写作，平时的考试中写作能力也是一项基本的考查内容；大多数留学生毕业后如果选择在中国的工作都需要具备一定的中文写作能力等。

表达驱动教学理念下，写作能力的培养并不是直接教授各种写作技巧、方法等，而是留学生通过长期学习吸收可理解性输入以丰富自己的知识储备，运用中文思维确定选题、阅读相关文献，从而提升写作效率，实现写作过程的优化。作文是个体在参与写作时将思维行为转变为语言表达的心理变化，这个心理变化过程不仅包含思维与语言两个方面的内容，还涉及一个十分关键但不为人们所关注的因素，那就是转化。表达驱动教学理念指导下的写作能力的培养推动了思维行为向语言表达的转化。

(三)运用表达驱动教学理念激发留学生的学习兴趣

对于高级阶段留学生来说,学习动机是影响学习预期的重要因素。教育心理学认为,学习兴趣是一个人倾向于认识、研究获得某种知识的心理特征,是能够推动人们求知的一种心理力量。[4]表达驱动教学理念为留学生提供了合适的教学内容、教学方法,能够最大限度激发学习者学习中文的兴趣,而兴趣反过来也是留学生专业学习和表达的持久动力。研究发现,学习者在学习目的语前期普遍学习速度较快,学习效果较好,但中后期学习动力会逐渐变弱。高级阶段留学生正处于学习中文的懈怠期,将专业学习与表达驱动教学理念相结合,通过对专业知识的渴求推动对中文的专业表达,能够激发留学生的学习兴趣,引导留学生主动思考学习动机。

四、结语

本文通过分析高级阶段留学生的现有中文水平和学习特点,主张将表达驱动教学理念融入其专业学习,提升其专业素养和表达能力,培养高素质的汉语人才,反推中国高等教育的国际化发展和来华留学生教育的健康、迅速发展。表达驱动教学理念作为顺应国际中文教育事业发展而出现的新兴教学理念,能够从根本上优化高级阶段留学生在不同表达环境、不同表达方式等情况下的交际效果,同时提升留学生的中文水平和专业知识理解、表达能力。

参 考 文 献

[1]国际交流处.校长钟英华出席国际中文教育交流周活动"中美高校教师汉语文化研究与教学论坛"[EB/OL].(2022-12-11)[2023-03-04].https://www.tjnu.edu.cn/info/1081/18143.htm.

[2]邹为诚,刘蕴秋,熊淑慧."语言体验"的教育学理论研究[J].中国外语,2009,6(6):55-62.

[3]骆徐冒.高级阶段留学生汉语写作策略调查与研究:以上海外国语大学高级汉语学习者为考察对象[D].上海:上海外国语大学,2021.

[4]胡海侠.初级汉语成人口语课教师反馈语对学习兴趣的影响研究[D].杭州:浙江科技学院,2022.

明清汉学家的汉语学习对国际中文教育专业外籍博士培养的启示

李妍(华北理工大学)　李东伟(华北理工大学)

摘　要:明清时期的汉学家研发出诸多行之有效的汉语学习方法,最终掌握了汉语。精通汉语和中华文化的汉学家的学习策略,在一定程度上能为国际中文教育专业外籍博士的培养提供借鉴。本文重点对明清时期最具影响力的几位汉学家的汉语学习情况和历史成就进行研究和分析,总结出"利用语言环境,强化语言训练""学术训练,提高思维能力""实践应用,深化学习成果""阅读经典,夯实语言知识"4种学习策略,并以之为切入点,探讨其对国际中文教育专业外籍博士培养的宏观启示。

关键词:汉学家;学习策略;国际中文教育;人才培养

一、引言

习近平总书记在党的二十大报告中指出:"促进世界和平与发展,推动构建人类命运共同体。"[1]随着我国综合国力的不断提升、国际交流的日益密切,国际中文教育迎来新的挑战和机遇。国际中文教育学科应肩负起帮助汉语学习者扫除汉语语言障碍和相关文化障碍的使命,增进全球各个国家和区域人民之间的沟通,加深理解和共识[2],推动构建人类命运共同体。

在推动汉语和中华文化传播的过程中,国际中文教育的传播主体至关重要。当前,国际中文教育的传播主体为中华人民共和国国家汉语国际推广领导小组办公室派遣的孔子学院中方院长、公派教师、汉语教师志愿者及当地的本土教师。然而,在海外教学过程中,派往海外的国际中文教师由于对当地文化和教育政策了解不足,教学效果受到影响,同时不可避免会出现跨文化交际问题。国际中文教育在海外取得真正意义上的发展,在一定程度上有赖于所在国家本土教师的努

基金项目:教育部中外语言交流合作中心2020年度国际中文教育研究课题"汉语国际教育博士(留学生)培养现状与优化方案研究"(20YH20C)。

力,目前国际中文教育师资培养的关键问题之一是如何吸引并培养国际中文教育领域的外籍高端人才。海外本土高端人才在讲解汉语时具备得天独厚的优势,他们学习汉语的经历具有权威性和可信性,讲解的知识更容易被学习者接受。以本土高端人才为桥梁,更容易扫除外国学生与中国语言文化之间的障碍,他们对当地文化和教育需求有更深入的了解,能更有针对性地进行教学设计和教学内容的选择,以满足学生的需求,推动国际中文教育在海外更好地发展。

明清时期许多来华旅行者因精通中国语言文化而成为早期的汉学家,架起了中西方文化交流的桥梁。汉语的语言体系与西方语言有着很大的不同,早期汉学家通过大量学习和实践,摸索出一系列有效的汉语学习策略,为后来学习汉语的人提供了宝贵的学习经验,也为今天的国际中文教育专业外籍博士的培养提供了借鉴。通过搜集和查阅相关文献资料,本文对明清时期最具影响力的几位汉学家,如范礼安、罗明坚、利玛窦、马若瑟等人的汉语学习情况和成就进行研究和分析,总结了明清时期汉学家的汉语学习策略,探讨其对国际中文教育专业外籍博士培养的宏观启示。

二、明清汉学家学习汉语的策略

(一)利用语境,强化语言训练

入其风俗,从其法令。来到异质文化国家和地区,需要适应当地的文化及风俗习惯,尝试用当地语言进行交际,用交流打破隔阂。明清时期的汉学家来华之初便采用了本土化的学习方式,利用汉语大环境进行语言训练,以沉浸式的学习方法促进汉语学习。

范礼安意识到在中国生活必须要"本土化",即"采用他们的服装、语言、习俗、生活方式,总之,在一个欧洲人的可能范围之内竭力将自己改造成中国人"[3]。范礼安主张学习汉语,要了解中国的礼仪和文化。利玛窦和罗明坚便是在范礼安的安排下,来华伊始就学习了汉语。同时,背靠汉语大环境,他们日常与中国人一起生活,可利用沉浸式的学习环境,通过观察中国人的日常用语与表达方式来习得汉语,提高自身的交际能力。目的语学习环境和沉浸式学习方式使得学习者在实际的社交环境中习得中国人的日常交际词汇,更易培养地道的汉语口语;利用汉语大环境,寻求中国人的帮助,以中国人为师,不断用所学汉语进行交际与写作训练。明清汉学家能在较短的时间内掌握汉语与中华文化,善于利用环境是他们成功的关键所在。明清汉学家在一定程度上推动了西方人学习汉语的进程,为之后来华人士的汉语学习提供了借鉴。

(二)学术训练,提高思维能力

明清时期的汉学家长期生活在中国,他们有着学术意识,用中文著书立说。根据徐宗泽的统计,明清时期来华人士编撰的中文书籍达 700 多部,以利玛窦为例,其中文著作多达 24 部[4]。除数量可观之外,明清汉学家的写作水平也很高,《交友论》是利玛窦第一部用中文编撰的著作,初次著书就能用文言文写出语言流畅、用词典雅的作品,可见利玛窦的汉语水准之高。

同时,明清时期的汉学家也编纂了一系列有关汉语学习的辞典和语法书。他们通过分析汉语的词汇和语法,总结其语言特点和表达方式,将所研究内容运用到自己的语言训练中,加深了对汉语的掌握。比如我们所熟知的由利玛窦、罗明坚一同编撰的《葡汉辞典》,是第一部进行汉外语言对照的辞典,虽然至今仍未出版,但它在西方人学习汉语的历史中占据重要的地位,在汉语拼音史研究领域具有十分重要的意义[5]。由马礼逊编著的三卷本《华英字典》是公开出版的第一部将中文和英文进行全面对照的词典,其以权威性和广泛覆盖的词汇而闻名,被广泛用于中文学习、研究和翻译工作中。同时,这部词典也开启了 19 世纪西方学者编纂语言对照类辞书的风气。在语法方面,由西班牙人瓦罗所编纂的《华语官话语法》是现存已经出版的第一部有关汉语的语法书[6]。真正有影响力的、更加系统的汉语语法书,是马若瑟编写的《汉语札记》。这本书在汉语研究,特别是在古代汉语研究方面有着重要作用,影响深远。编撰、研究相关书籍,使得这些汉学家深入了解了汉语的语言结构和特点,更易掌握汉语。

(三)实践应用,深化学习成果

实践是汉语学习中不可或缺的一环,只有不断在真实情景中操练,才能更好地掌握和应用汉语。明清时期来华人士学习汉语的入门教材《拜客问答》,以社交生活为依据进行编撰,学习者可以根据对话进行有针对性的训练,并持续模拟操练,以便在日后的社交环境中更好地应用。通过这种模拟操练,学习者在不断的实践中建构汉语知识体系。

明清时期汉语教师较少,来华人士多以汉语学习者为师,已经掌握了汉语的学习者进行相关教学工作,在讲解汉语知识、实践方法的同时不断强化自身的汉语能力。汉学家积极从事研究活动,除了编纂著述之外,也积极从事汉学研究,深入研究中华经典文献,通过对文献的整理、研究和解读,加深对汉语以及中华文化的理解和应用。同时,明清时期的汉学家多善于交友,特别是利玛窦,他重视与中国人建立亲近的关系,从而加深对汉语和中华文化的理解[7]。深入中国社会进行实践,有助于当时的汉语学习者将所学转化为语言技能,学习效果显著。

(四)阅读经典,夯实语言知识

明清汉学家意识到孔子及其思想对中国社会的影响十分重大,在学习语言的同时也深入研究古典书籍,他们的语言学习与文化学习是并重的。罗明坚来到澳门时,并没有可以进行汉语学习的相关教材,于是其借用《三字经》《千字文》等简单易懂、内涵丰富的启蒙书籍进行学习,《四书》作为儒家思想的代表作品,也被其纳入了语言学习的素材。他通过研习中华典籍,学习规范的文言文,了解中华文化,对汉语掌握得更加透彻。

中国的文章自古讲求文以载道,汉学家学习了有关中华文化的知识体系,为其日后中文写作奠定了思想基础。我们在利玛窦、罗明坚、马若瑟等汉学家的作品中,能了解到他们对中华文化的熟悉程度。他翻译西方经典著作,与中国文人合作研究中西方文化。罗明坚能够用中文进行诗歌创作,罗马档案馆收录了他的中文诗手稿,共记录了罗明坚写下的34首中文诗,这些诗在一定程度上反映了罗明坚对中华文化的掌握程度。马若瑟对《说文解字》和《易经》的研究颇有自己的见解。由他编写的《汉语札记》介绍了中国的49部古代典籍,还根据成书时间、著作的价值及写作的风格将其分成了9类。这在某种意义上体现了马若瑟对中国典籍涉猎的范围之广、研究的程度之深。以上这些都反映出明清之际汉学家在学习汉语的同时,也关注到了博大精深的中华文化,在经典作品中汲取营养,深化汉语学习成果。

三、对国际中文教育专业外籍博士培养的启示

(一)关注学生需求,服务现实需要

明清时期的汉学家深谙学习汉语和中华文化方能打破文化壁垒,更好地进行交流,较强的目的性和有针对性的学习,加快了他们学习汉语的进程。这启示我们在人才培养的过程中,要关注学生的兴趣和需求,服务现实需要。

国际中文教育专业外籍博士的培养迎合了社会发展需求,适应人才培养的实际。我们要以功能为导向,在人才培养过程中,考虑学生的实际需求。了解学生的学习目标和需求,根据学生的需求进行个性化指导。有些学生继续深造是为了进一步丰富和提升自己的汉语专业知识与专业技能,教师在培养学生的过程中就要以本体知识为导向,注重语言本体知识的教学。如若学生侧重研究国际中文传播的相关内容,教师就要侧重这方面的培养。"中文+职业技能"复合型人才的需求日益旺盛,新形势下对国际中文教育专业的人才培养提出了新的要求。在高端人才的培养中,我们要加大复合型人才培养的力度,设计符合学生需求的系列课

程。同时,可加强与相关行业的合作,为学生提供切实的培训和指导,增强学生的职业适应能力。针对职业需求和岗位需求,注重学生实践能力、创新能力和职业素养的培养,这是专业学位人才培养的典型特征[8]。高校的培养方案、课程设置、专业指导,要遵循满足学生个性发展和全面提高的根本需求的原则,体现专业性的培养特征。

(二)重视学术汉语教学,培养学术能力

来华学习汉语的外国学习者,无论处在何种学历层次,都需要使用汉语进行专业学习和学术研究。在国际中文教育中要注重对学生进行学术汉语习得及应用能力的培养,这有助于培养外籍学生在学术领域的汉语阅读能力和写作能力,促进其成为学术汉语共同体的一员[9],为国际中文教育领域的学术交流和学术合作做出更大贡献。

在国际中文教育专业外籍博士的培养过程中,要重视对学生学术能力的培养,加强对学生进行阅读相关中文专业的文献、使用汉语撰写文章的技能的培养。阅读文献,有助于学生了解学术前沿动态,掌握学术论文的写作技巧,提升自身的学术写作能力。要提高学术汉语写作的教学质量,必须探索与之相适应的教学模式。高校可开设学术研究方法、学术论文写作、中文写作技能提升等课程,帮助外籍博士生提升学术写作和学术研究能力。同时,可以依托现阶段教育数字化、信息化的优势,编写相关的学术汉语写作教材,借助便捷的网络,为国际中文教育专业外籍博士提供多样化的学术汉语写作资源;还应加快国际中文教育专业外籍博士学术汉语写作动态语料库的建设,建设国际中文教育专业外籍博士学术汉语写作动态语料库,对于外籍博士进行学术写作、研究将起到重要作用,能为写作提供大量可参考的素材与资源。此外,高校应鼓励国际中文教育专业外籍博士积极参加相关学术会议、讲座、发表文章等,与其他学者展开互动与合作,通过实际的学术研究项目,提高学术能力和素养。

(三)加强职业导向,突出实践特性

国际中文教育专业是专门针对教育领域的高层次专业学位,侧重于培养具有深厚理论基础和实践能力的专门人才,其目标是培养学生成为面向特定行业或职业实际工作需要的应用型专门人才[10]。国际中文教育专业外籍博士培养目标的职业导向体现为学生在国际中文教育教学和教育管理方面的专业技巧需要通过实践获得,学生实践能力的培养不可忽视。

在国际中文教育专业外籍博士的培养过程中,要注重对其实践能力的培养,侧重职业导向,通过教育实践、实习、项目研究等实际锻炼,培养外籍博士在国际

中文教育教学和管理中的实践能力。除了按照培养方案要求在孔子学院进行一年以上的教学或管理实习活动外,培养单位也可以借助各自院校的实践基地和实习资源,为博士生搭建广阔的实践平台。比如,让国际中文教育专业博士生参与实践基地的教学培训与评估、教材撰写、课程设计等工作。通过这些实践活动,博士生能够深入了解实际的教学状况,提升自己在教学和管理方面的能力。此外,外籍博士生还可以参与所属国孔子学院制定教学大纲、安排课程等工作。外籍博士生由于对其本国教育和文化的深入了解,所设计、安排的课程会更加符合当地汉语学生的学习需求,有助于推动国际中文教育工作在海外更好地开展,助力国际中文教育事业发展。实践经验的获取和积累,可以帮助外籍博士生提升职业能力,更好地应对未来的工作。

(四)兼顾文化教学,帮助理解中华文化

在培养国际中文教育专业外籍高端人才时,除了重视语言本体知识的传授,文化教学也是十分重要的。国际中文教育专业外籍博士具有讲好中国故事的优势,他们能够以独特的视角和深入的了解,通过润物细无声的方式传播中国声音。

作为国际中文教育领域的高端人才,外籍博士生需要对中华文化有一定程度的了解与掌握。学校可以设置专门讲授中华文化知识的系列选修课程,利用相关文化教材和丰富的课堂教学来帮助学生深化学习内容。教师的讲解与介绍是外籍博士生了解中华文化最直接、简单的方式之一。教师引导学生阅读中国经典作品,并结合相关问题进行讨论,可以加深学生对经典作品的思想内涵的认识,体会到这些经典作品在中国社会和人民生活中的重要性和影响力。除中华优秀传统文化的学习外,也应该帮助外籍博士生接触当代中华文化,关注当代中国的社会制度、生活方式等相关内容,结合所学分析当代中国社会的文化现象,减少文化误解与冲突,增进理解与达成共识。此外,高校应积极思考将文化教学与实际的社交应用相结合,使文化教学更具实用性和可操作性。例如,组织学生参加相应的文化交流活动,参观文化博物馆和展览,邀请当代文化名人或学者来校进行讲座等,以便学生能够在实际活动中领略和体验当代中华文化的魅力。同时,不应忽视对书面语言的培养,鼓励学生在阅读的同时,探索汉语语言特点及背后的思维内涵。教师可以进行相关的写作教学,帮助学生提高写作水平和表达能力,从而更好地理解和使用汉语。

四、结语

明清时期汉学家来到与西方语言文化迥异的中国,采取多种方式学习汉语,最终精通汉语与中华文化。从整体上看,明清时期汉学家的成就,不仅在于汉学

本身,其对国际中文教育高端人才,特别是外籍博士培养也有重要参考价值。从这些汉学家的学习经验中我们可以窥见国际中文教育外籍博士培养应追求的目标。在培养国际中文教育专业外籍博士的过程中,我们应该采取多种方法和措施,充分关注外籍博士的兴趣,适应其现实需要;重视学术教学,培养国际中文教育专业外籍博士的学术能力;提升外籍博士专业素养的同时,加强职业导向,突出国际中文教育专业的实践性特征,促进外籍博士实践能力的提升;重视文化教学,促进文明交流互鉴;多方面协同,为国际中文教育专业外籍博士培养助力。

参 考 文 献

[1] 习近平.高举中国特色社会主义伟大旗帜 为全面建设社会主义现代化国家而团结奋斗——在中国共产党第二十次全国代表大会上的报告[J].党建,2022(11):4-28.

[2] 崔希亮.汉语国际教育与人类命运共同体[J].世界汉语教学,2018,32(4):435-441.

[3] 利玛窦,金尼阁.利玛窦中国札记[M].何高济,等译.桂林:广西师范大学出版社,2001:142-145.

[4] 张西平.明清时期的汉语教学概况:兼论汉语教学史的研究[J].世界汉语教学,2002(1):93-103,116.

[5] 杨福绵.罗明坚、利玛窦《葡汉辞典》所记录的明代官话[J].中国语言学报,1995(1):35-81.

[6] 白佐良,马西尼.意大利与中国[M].萧晓玲,译.北京:商务印书馆,2000:122.

[7] 张西平.跟随利玛窦到中国[M].北京:五洲传播出版社,2006:43.

[8] 钟英华.汉语国际教育专业学位水平评估的方向和质量导向[J].天津师范大学学报(社会科学版),2021(1):2-6.

[9] 吴勇毅.国际中文教育"十四五"展望[J].国际汉语教学研究,2020(4):9-15.

[10] 李宝贵.教育博士专业学位研究生招生问题的透视与改进:以汉语国际教育领域为例[J].教育科学,2019,35(5):82-91.

汪德迈的汉学研究对国际中文教育专业博士培养的启示

石志硕(华北理工大学)　李东伟(华北理工大学)

摘　要:汪德迈是法国著名汉学家,是中法文化交流的推动者,被国际汉学界誉为"法国第一儒"。他的研究涉及汉学多个领域,在世界汉学界占据举足轻重的地位。本文梳理和分析了汪德迈的汉学研究经历,结合其学术成果,探究影响他在汉学领域取得伟大成就的因素,以期为国际中文教育专业博士培养提供重要启示。通过分析得出如下启示:语言知识与实践并重;国学与汉学相融合;注重多学科的交叉性;加强学术交流与合作;提供丰富的学习资源。

关键词:汪德迈;汉学研究;国际中文教育;博士培养

党的二十大报告指出,"增强中华文明传播力影响力""加强国际传播能力建设,全面提升国际传播效能""深化文明交流互鉴,推动中华文化更好走向世界"。国际中文教育专业肩负传播中华文化的重任,中华文化的传播者不仅仅有国际中文教师志愿者、公派教师,海外汉学家也是传播中华文化的重要群体。海外汉学家主要从"他者"视角研究中华文化,从跨文化角度研究中华文化,通过中西方文化对比,用其本民族的思维方式讲述中国故事,有利于促进海外人民对中华文化的认识和了解,为中外文化交流做出巨大贡献。换言之,汉学的发展历程就是中华文化与世界各民族文化相互交织、不断碰撞的过程,汉学家作为汉学研究的主力军,在中外文明交流互鉴的过程中发挥着举足轻重的作用。

法国汉学家是中法文化交流、中华文化对外传播的重要群体,汪德迈(Léon Vandermeersch,1928—2021)就是其中的杰出代表,他一生致力于研究中国和中华文化,他对促进中法文化交流、东西方文明互鉴做出了巨大的贡献,是20世纪最伟大的汉学家之一。本文以汪德迈的汉学研究经历为研究对象,从跨文化角度出发,通过对其学术经历的介绍,探究汪德迈在汉学研究领域具有重要地位的影响

基金项目:教育部中外语言交流合作中心2020年度国际中文教育研究课题"汉语国际教育博士(留学生)培养现状与优化方案研究"(20YH20C)。

因素,为国际中文教育专业博士培养提供借鉴。

一、汪德迈的个人经历和成就

用一生来研究一个国家和一种文化,是世上最迷人的事。汪德迈从事中华文化研究的热情不是一时兴起的,而是其在成长过程中经过不断的学习而确定的。汪德迈的学术生涯超过70年,曾被汤一介称为"法国第一儒",其研究成果对整个汉学界产生了重要的影响。他在汉学领域所获得的成就与其个人经历密切相关。本文从法国国内教育经历和国外教育经历两个方面对汪德迈的个人经历进行简单的叙述,并对其在中法文化交流中所做出的贡献进行梳理,了解其对学术的关注点,寻找汉学家对中国研究的兴趣点,从而吸引更多人传播中华文化,促进中外文明互鉴。

(一)法国国内教育经历

1928年汪德迈出生在法国北部一个家庭。他的母亲是当地一位有声望的医生的女儿,而他的父亲土生土长在与荷兰接壤的法国北部边境,因此其方言发音中夹杂着荷兰语口音。他父母的口音存在着明显的差异,这种差异使他从小对语言的发音就十分敏感,这也为他以后学习和掌握多种语言埋下了伏笔。

汪德迈小时候没有去上学,而是跟着家里请的私人教师学习。到了7岁半,他的父母才将他送到中学读书。作为住校生,他需要遵循严格的制度。在这所学校他明白了是非道德,培养了崇尚苦修的精神和一丝不苟、认真踏实的学习态度。除了法语外,汪德迈还在这所中学学习了拉丁语、德语等语言。通过学习外语,他可以阅读更多关于中国的著作,了解中国。汪德迈孜孜不倦、执着专一的学习态度,以及掌握多种语言的能力,在其研究中华文化的过程中发挥着重要作用。可以说,汪德迈之所以能在汉学领域取得巨大成就,与其所接受的严谨的教育和多学科的知识滋养密不可分。

汪德迈曾遇见一位越南教师,这位教师向他介绍了越南和其他远东国家,包括中国,这对青年时期的汪德迈产生了巨大的影响,他开始对远东地区,尤其是对中国感兴趣。之后,汪德迈跟中国教师陈荣生学习了3个月的中文,他所使用的教材是《我说中国话》,这是他第一次学习中文。后来,汪德迈又跟随李治华继续学习中文。这便是汪德迈最初学习中文的经历。

汪德迈体会到中华文化的魅力,是由于其阅读了德国著名语言学家乔治·冯·德·格贝勒茨(Georg von der Gabelentz)用德文写的中文语法书。他发现这本语法书中的语言不同于他所学过的任何一种语言,这本书使他对学习中文充满了兴趣,这也是他去法国国立东方语言文化学院(Institut National des Langues et Civilisations Orientales)学习中文的原因。[1]

汪德迈的求学方式十分特殊,他的学习任务十分艰巨,他同时报了几个专业,需要合理安排自己的时间进行学习,这是一个巨大的挑战。汪德迈师从戴密微,戴密微可以说是汪德迈进行东方学术研究的引领者。汪德迈于1945—1948年在法国国立东方语言文化学院学习了3年中文,获得了本科汉语文凭。1951年,汪德迈又在巴黎索邦大学获得了哲学硕士学位。在学习中文和哲学的同时,他也打下了扎实的法律学功底,他对中国古代行政制度十分感兴趣,后来著有《法家的形成——古代中国特有的政治哲学形成研究》。1975年汪德迈以博士论文《中国古代政治结构与礼仪——王道》获得法国国家文学博士学位,其指导教师是著名汉学家谢和耐。大学期间他对中国的研究主要集中于古代的制度典章和社会结构。

(二)国外教育经历

在亚洲,从20世纪50年代到90年代,汪德迈从事了40多年的考察研究,他在老师戴密微的支持下多次赴日留学、任教。汪德迈曾担任日本法国文化会馆馆长,这一时期,他取得了丰富的学术研究成果。1959—1961年,他在日本同志社大学留学,他的日本导师内田智雄是中国制度史、法制史、思想史方面的专家。不仅如此,日本有很多汉学工具书,为其研究中华文化提供了便利。[2]《新汉文化圈》就是他利用日本的汉学工具书所撰写的杰作。在此期间,对语言的好奇心促使他对日语与越南语、中文的共同点产生浓厚的学术兴趣,因此他将研究集中于汉字领域。汪德迈多次说,他的亚洲研究、中国研究以及汉字研究的契机始于日本。可见日本留学经历对汪德迈的汉学研究有深远的影响。

日本留学结束后,戴密微建议汪德迈去香港大学深造,拜国学大师饶宗颐为师。汪德迈除了跟随饶宗颐学习中国古文字学和语言学,还学习了《文心雕龙》等典籍,同时还选修了罗锦堂、汤象的课,与中国民族文化结下不解之缘。1963年,汪德迈与饶宗颐共同游历了印度、泰国、斯里兰卡、缅甸和柬埔寨等国,对这些国家的人文风光有了真实的体会。受饶宗颐的影响,汪德迈最终完成了巨著《王道》(*La Voie Royale*),这本书追溯至殷商时期的甲骨文,涉及中国古代的社会结构。饶宗颐称汪德迈是一位杰出的汉学家,其对中国古代法家和儒家学说都有深入研究。施舟人说:"饶宗颐教授不仅是法国汉学界的老师,更是全欧洲汉学界的老师。"[3]可见,饶宗颐对汪德迈汉学研究影响之大、对汉学界贡献之大。

(三)汉学成就及贡献

汪德迈表示:"我的职业生涯一半是在远东完成,另一半是在法国。"在1951年完成学业后的几十年里,他一半时间在远东地区度过,另一半时间在法国度过。

汪德迈在 1966 年创办了第一个法国外省大学的中文教学机构。1973 年,他成为巴黎第七大学中文系的负责人,后来又被调到法国高等研究院,研究儒家思想史。可以说,他在法国的职业生涯主要是在教学中度过的。但他也从事研究,曾发表众多与中国思想文化、制度有关的著作,比如《新汉文化圈》《中国思想的两种理性》《跨文化中国学》《中国文化思想研究》等,还出版了《汪德迈全集》。法兰西学院设立了"法兰西学院汪德迈中国学奖",可见汪德迈在汉学界的重要地位。

汪德迈是欧洲第一位学习甲骨文的学者,他以传统法国汉学为基础,吸收日本汉学、越南汉学、中国国学的优秀成果,对中国儒学、思想史、古代社会制度、哲学史等进行了研究。他不赞同只从书本上了解中国、研究中国学的方法,主张赴实地进行考察。他认为只有与当地人生活在一起,才能真正了解中华文化。中国拥有几千年的历史文明,汪德迈认为,了解古代中国对了解当代中国具有重要意义。汪德迈在东南亚各国进行考察与工作实践,获取了第一手资料,基于此,他撰写并出版了《新汉文化圈》,这对于我们挖掘中华优秀传统文化的潜力具有重要的参考价值。

汪德迈是跨文化中国学理论与方法论系统的创建者。他主张一切从中国资料的实际出发,用中国材料和中国概念来研究中国,他并不回避中西方的差异性,以跨文化视野揭示中华文化的特殊性和普遍性。

汪德迈一生致力于中西方文化的交流与传播,始终都在思考东方文化和西方文化存在差异的原因。从汪德迈的个人经历和学术成就我们可以看出他对学术的关注点,可以了解其思想的发展脉络。汪德迈一生致力于研究中国和中华文化,是中法文化交流的使者,他引导了世界汉学研究的发展方向,为中华文化的国际传播做出了巨大的贡献。

二、影响汪德迈取得成功的多元因素解析

通过梳理汪德迈的受教育经历发现,汪德迈之所以能够取得成功,与主、客观因素是分不开的,正是在多种因素的影响下,汪德迈才在汉学领域取得成功,并在汉学界占据举足轻重的地位。

(一)时代背景的影响

19 世纪末 20 世纪初,法国汉学进入全面繁荣时期,重要标志之一就是出现了在世界范围内具有影响力的汉学大师,取得了许多学术研究成果。20 世纪前期,法国汉学家一方面继承"经院汉学"的研究方法,另一方面有机会进行实地考察。[4]在这一时期,许多法国汉学机构建立和发展,涌现出许多有影响力的汉学家。葛兰言提出将社会分析用于历史研究的方法,符合学术发展的潮流,这一时

期取得许多优秀的汉学研究成果。

1919年巴黎大学成立"中国学术研究院",开设了许多汉学课程,除了语音、语法和文学外,还有中国政治思想史等课程,伯希和、葛兰言、马伯乐是法国第三代汉学家的代表人物。[5]这一时期,汉学领域取得诸多研究成果,法国汉学对中国的研究程度加深。

1964年中法建交。法国是中华人民共和国成立后与中国建交的第一个西方国家,促进了中法文化交流与往来。在这样的形势下,一批人来中国学习汉语和中华文化,壮大了汉学研究队伍。

就是在这样的时代大背景下,汪德迈可以接触更多与中国相关的书籍,可以来中国进行学术文化交流,利用丰富的资源进行汉学研究。

(二)学校教育和教师的引导

汪德迈做事一丝不苟,这对其进行学术研究极其有利。汪德迈所就读的中学开设的课程十分丰富,种类繁多,开阔了他的视野,为其在大学期间同时学习几个专业奠定了基础。

在大学期间,他学习中文、哲学、法律等诸多学科,知识面涉及多个领域,从中可窥见其汉学研究领域之广。汪德迈师从戴密微,学习和了解中国古代的文化。戴密微为他指引了学术方向,建议他去日本留学。后来,戴密微希望他跟饶宗颐学习甲骨文,他就去香港大学学习、交流,对中国文字、儒学有了更深入的了解。汪德迈曾表示,他有3位终身的恩师,分别是戴密微、内田智雄和饶宗颐,可见学校教育和教师的引导对其影响深远。

汪德迈职业生涯的一半在远东度过,他曾去过东南亚很多国家。汪德迈的研究方法不同于19世纪的传统汉学研究方法,他的考证方法与治学模式师承法国汉学大师马伯乐、戴密微等人的研究体系,主张到实地去考察,获得最直接的感知,这种方法对其学术研究影响重大。

(三)良好个人素养的支撑

童年时期,汪德迈形成了孜孜不倦、执着专一的性格。不仅如此,他善于学习、善于思考,对自己的要求很高,是一个有毅力的人。他一生热爱中华文化,在大学期间,他同时选择几个专业进行学习,不仅对汉语、哲学有深刻的了解,也奠定了坚实的法律基础。汪德迈时间管理能力很强,能够协调各个课程之间的关系。

他还热衷于实践活动。从1951年开始到1965年,汪德迈的足迹遍布越南、朝鲜、泰国、印度尼西亚等东南亚国家及地区。

汪德迈多次参加学术交流活动,与学者进行交流,了解学术研究的方向。他一生致力于研究中国,其自身优秀的素养支撑他孜孜不倦地进行汉学研究。

三、汪德迈的汉学研究经历对国际中文教育专业博士培养的启示

法国汉学家是中法文化交流、中华文化对外传播的重要群体。汪德迈作为法国人,在汉学研究上取得了卓越的成就,探究影响其取得学术成就的因素,获得以下启示。

(一)语言知识与实践并重

汪德迈学习中文,了解汉语知识,体会到汉语言的魅力是从一本用德语写的汉语语法书开始的。不仅如此,他还经常到东南亚国家进行实地考察,获取一手资料。只有来到中国,融入中国人的生活,才可以更好地学习汉语和理解隐藏在语言背后的文化,了解人们日常行为背后的文化内涵。汪德迈在到中国学习之前就已经了解了中文和中国的相关知识,具有跨文化交际能力,这对其进行汉学研究十分必要。

国际视野是意识、知识、能力和经验的集成,是一种综合素质。[6]国际中文教育专业博士需要具备这种综合素质,这就要求学生有良好的汉语表达能力,最好可以学习多门外语,培养国际视野,具备较强的跨文化交际能力。汪德迈掌握了德语、法语、希腊语等多门语言,这有利于其查找和理解文献,了解中华文化。这说明,高校在开设课程时,与语言本体相关的课程必不可少。

汪德迈的职业生涯以教学为主,其在教学中进行研究,从中我们受到启发,对于国际中文教育专业的博士生而言,要给予其教学实践的机会。博士生可以在教学实践中发现问题、分析问题和解决问题,更好地提高自己的教学能力和实践能力。例如在进行语音教学时,巴基斯坦学生不能正确地发出 zh、ch、sh、r 等。通过汉语与乌尔都语的语音对比发现,乌尔都语的声母系统中未有舌尖后音。[7]因此,国际中文教育专业博士人才的培养既需要注重本体知识的学习,也要注重教学实践。

(二)国学与汉学相融合

学习中文时可以将国学加入中西方文化比较中,传统又能在当代充满生机的应是超越国界的知识。汪德迈就是在中西方思维方式的碰撞中来探讨中西方文化之间的共通之处。

汪德迈认为学习中华优秀传统文化也很有必要,可以了解中国几千年的发展历程,了解中华文化的深层内涵,了解其中蕴含的礼仪文化和儒家的"中庸"思

想等。

因此,在国际中文教育专业博士培养的过程中,开设国学课程十分必要,还可以开设中西方文化对比的课程,这有利于博士生了解中西方思维方式存在的差异,用中国材料来研究中国,加深对中国的理解。

(三)注重多学科的交叉性

汪德迈在中学进行了自然科学、数学、地理、历史等学科的学习。除了法语之外,他还掌握了其他外语。在大学期间,汪德迈不仅学习了哲学、中文、越南语,还学习了法律,知识面广,他能综合运用自己所学的知识,对中国的政治制度、儒家思想等进行研究。汪德迈的汉学研究领域广泛,涉及中华文化的多个领域。

国际中文教育是一个交叉性学科,在培养博士生时,可以开设中国文学、历史、哲学等方面的课程。考虑到国际中文教育专业博士的汉语水平和个人精力,可以在博士第一年开设种类丰富的课程,便于博士生寻找到自己的兴趣点,之后根据自己的兴趣和能力选择合适的研究方向。

(四)加强学术交流与合作

汪德迈经常参加学术交流,传播中华文化,是中西方文化交流的桥梁。汪德迈多次在中国开展讲座,2011年11月至2012年3月,汪德迈在北京大学开展了中西方文化对比系列讲座。

汪德迈在90岁高龄时,仍在中国进行巡回学术演讲,以多元文明观讲述他者视角的中华文化,比如,"诗圣杜甫与中华诗学国际研讨会""中西艺术之差异与相互影响——浅谈中法文化交流"等。

博士生培养不应仅仅教授课本中的知识,还应该让博士生多参加国内外学术会议,与该领域的专家学者进行交流,拓展学术视野,了解汉学研究的前沿热点,以便更好地进行汉学研究。

(五)提供丰富的学习资源

汪德迈表示,在学习汉语时最难的是学习工具书较少,在法国国立东方语言文化学院学习时,只有一本由华克诚编的字典,没有语法书。可见当时汉语学习资源的匮乏。后来,可以阅读《华侨日报》上的文章进行学习。阅读中国人编写的文章,有助于汉语学习者了解汉语思维和中国的现状,对汉学研究有促进作用。

在国际中文教育专业博士培养的过程中,应该选用符合学生接受能力的教材,提供丰富的学习资源,可以借助由中国人编写的中文报纸,让学生通过更多的途径学习中文,了解中国。

除此之外,还应该考虑到国际中文教育专业外籍博士与国际中文教育专业中国博士的汉语学术水平存在一定差异的情况。[8]这需要任课教师在教学时考虑留学生的学习习惯和汉语学术能力,同时可以要求国际中文教育专业博士(留学生)尝试撰写文章,让同学提出修改意见,从而提高汉语写作水平。

总而言之,国际中文教育专业博士人才培养理应明确汉语教学的目的,注重培养留学生的认同感。国际中文教育专业博士在汉语水平上存在差异,但是他们乐于介绍和传播中华文化,乐于做中外文化交流的使者,因此要让其多了解中华文化的深层内涵,激发其对中华文化的热爱。在对国际中文教育专业博士的教学活动中,应融入文化因素,语言与文化并重,培养学生对中华文化的热爱。

四、结语

20世纪法国汉学走向成熟,汪德迈成为法国汉学界乃至世界汉学界的重要人物并非偶然,这首先得益于当时法国汉学的发展,他师从戴密微、日本汉学家内田智雄及国学大师饶宗颐,打下了良好的学术功底。汪德迈用中国材料和中国概念研究中国,探究了中西方思维方式的差异。

汪德迈的贡献不仅在于其来华进行学术交流,更在于其促进了中华文化在法国的传播,其曾在法国研究儒学,开设了第一个法国外省大学的中文教学机构,为中文和中华文化在法国的传播做出了突出贡献。

对于国际中文教育专业而言,汪德迈的个人经历具有重要的参考价值,从他身上我们获得了培养具有文化认同感的国际中文教育专业博士的启示。

参 考 文 献

[1]郭丽娜.环旅与邂逅、想象与诠释:近现代法国文学中的世界与中国书写[M].广州:广东人民出版社,2022.

[2]汪德迈.中国文化思想研究[M].北京:中国大百科全书出版社,2016.

[3]陈民镇.东成西就:饶宗颐先生的法兰西情缘[N].中华读书报,2019-05-22(7).

[4]许光华.法国汉学史[M].北京:学苑出版社,2009.

[5]李兴业,王淼.中欧教育交流的发展[M].济南:山东教育出版社,2010.

[6]暴华英.跨文化传播人才培养之我见:从汉学家安乐哲谈起[J].对外传播,2019(3):44-46.

[7]沈莉娜,张义东,李学欣.汉语和乌尔都语的语音对比研究[J].大家,2011(9):211.

[8]王佳兴."一带一路"倡议背景下来华留学博士生培养质量研究[D].厦门:厦门大学,2020.

汉语国际教育领域教育博士专业培养方案比对研究

李伏蕊(华北理工大学)　李东伟(华北理工大学)

摘　要：各高校专业人才的培养均以培养方案为依据。本文对比分析了国内8所院校汉语国际教育领域教育博士专业的培养方案,包括首都师范大学、上海外国语大学、广州大学等,发现这8所院校的培养目标存在趋同化现象,对指导方式的阐述较为笼统,课程设置也缺乏创新性。为提高汉语国际教育领域教育博士专业的人才培养质量,本文从培养方案角度提出了"创新人才培养理念,突出个性化培养特色""完善导师负责制度,重视过程指导与监督""优化课程体系,突出前沿课程的学习"的优化建议。

关键词：汉语国际教育；专业博士；培养方案

一、研究背景

随着中国整体实力的提升,"汉语热"也随之兴起。作为培养汉语专业人才的重要学科,汉语国际教育专业的发展也是一日千里。自1985年教育部正式批准设立汉语国际教育本科专业以来,我国的汉语国际教育专业在硕士、博士研究生层面也逐渐发展壮大。2007年5月,北京大学等24所研究生培养单位获批开展汉语国际教育硕士专业学位教育试点工作,汉语国际教育硕士专业正式登上历史舞台。[1] 2012年,国内多所大学先后设立了汉语国际教育二级学科博士点[2]。2018年启动了面向汉语国际教育领域的教育博士专业学位研究生的招生工作,为国内外汉语国际教育及中华文化的对外交流传播领域人才的培养工作提供了一条新的路径。[3] 目前,首都师范大学、上海外国语大学、广州大学等20多所院校相继开设了汉语国际教育领域教育博士专业学位。但汉语国际教育事业起步较晚,专业设立的年限尚短,在人才培养方面存在不足。李宝贵(2019)在《教育博士专业学位研究生招生问题的透视与改进——以汉语国际教育领域为例》一文中,对

基金项目：教育部中外语言交流合作中心2020年度国际中文教育研究课题"汉语国际教育博士(留学生)培养现状与优化方案研究"(20YH20C)。

汉语国际教育领域教育博士专业的招生简章进行了分析,提到了招生要求与培养方案脱节的问题。[3]培养方案是各院校培养专业人才的基础,也是各院校专业建设的核心。它不仅体现了"培养什么样的人,怎样培养人"的主旨要义,其现实状况也直接影响和制约着高校的专业建设与办学水平。在这一背景下,如何提升汉语国际教育领域教育博士专业的人才培养质量,建立从招生到培养的系统化、科学化的人才培养方案,是学界广泛关注且需要解决的重要问题。

鉴于此,本文对我国汉语国际教育领域教育博士专业的培养方案进行探讨,旨在通过培养目标、课程设置等文本的比对分析,发现其中的不足,进而提出切实可行的建议,以期提升汉语国际教育领域教育博士专业的人才培养质量。

二、研究设计

(一)研究对象

笔者根据我国具有汉语国际教育领域教育博士专业招生资格的20多所院校清单,登录各院校的网站,查找有关汉语国际教育领域教育博士专业培养方案的文件。最终检索到具有汉语国际教育领域教育博士专业培养方案的8所院校,分别是首都师范大学、上海外国语大学、广州大学、河北师范大学、东北师范大学、南京师范大学、华东师范大学、湖南师范大学,各院校培养方案的具体情况见表1。

表1 各院校培养方案的具体情况

学校名称	专业名称	所属学院	所属一级学科	适用情况
首都师范大学	045174 汉语国际教育	文学院	0451 教育专业博士	2019年试行稿
上海外国语大学	045174 汉语国际教育	国际文化交流学院	外国语言文学	适用于2015级汉语国际教育专业博士
广州大学	045174 汉语国际教育	人文学院	0451 教育专业博士	2019级博士开始使用
河北师范大学	045174 汉语国际教育	文学院	0451 教育专业博士	
东北师范大学	045174 汉语国际教育	教育学部	0451 教育专业博士	2018年试行,适用于教育专业博士
南京师范大学	045174 汉语国际教育	国际文化教育学院	0451 教育专业博士	
华东师范大学	045174 汉语国际教育	国际汉语文化学院	0451 教育专业博士	
湖南师范大学	045174 汉语国际教育	文学院	0451 教育专业博士	

通过整理可知,8所院校多为师范类院校,其中上海外国语大学国际文化交流学院于2014年在外国语言文学一级学科博士学位授权点下自设汉语国际教育二级学科博士点,并于2015年开始招生,因此其培养方案适用于2015级汉语国际教育专业博士;东北师范大学的培养方案包含在教育专业博士培养方案内;其余院校的汉语国际教育专业博士均属于教育专业博士下的汉语国际教育领域,且均公布了专门针对汉语国际教育专业博士的培养方案。

(二)研究内容

针对检索到的8所院校的培养方案,笔者经过文本比较、分析和整理,最终确定从培养目标、培养模式、课程设置和教学实践4个方面,对培养方案中的关键环节展开研究,研究内容见表2。

表2 培养方案的研究内容

研究角度	研究内容
培养目标	社会/思想目标、知识目标与能力目标
培养模式	学制、指导方式
课程设置	公共课、专业课程、研究方法类课程
教学实践	时间、地点、要求

三、结果分析

(一)培养目标

作为培养方案的重要组成部分,各高校专业人才的培养必须首先明确其培养目标,有了目标,才能针对目标做出对学制、课程设置等方面的安排。通过对8所院校的培养方案的分析发现,8所院校对培养目标的表述内容较一致,按内容可以分成社会/思想目标(汉语国际教育专业博士应具有的思想品质和人文素质、学科的现实需求等)、知识目标(汉语国际教育专业博士应具有的专业理论知识)、能力目标(汉语国际教育专业博士应具有的教学能力、管理能力、创新能力、研究能力等)。(1)社会/思想目标方面。8所院校都强调,获得汉语国际教育专业博士学位的学生,必须具备较高的思想道德素质、人文素质和宽广的国际视野,满足国内外汉语国际教育工作的需要,并具备较强的事业心、责任感和使命感。(2)知识目标。除东北师范大学是在教育专业博士层面指出培养系统、扎实的教育学科理论素养,其余7所院校均指出汉语国际教育领域教育博士专业学位获得者应具有扎实的专业知识和适应国际汉语教育的理论水平。(3)技能目标。8所院校均对汉语国际教育专业博士的教学能力、管理能力、解决问题的能力做出了说明,除东北师范大学之外,其余院校还对汉语国际教育专业博士的科研能力、创新能力、外语能力和跨文化交际能力等做出了要求。

综上所述,8所院校的培养目标同质化严重,且追求人才培养的全面性,缺乏人才培养特色。如除了要求汉语国际教育领域教育博士专业学位获得者具有扎实的理论知识、科研能力,还重视对其教学能力和管理能力的培养,且在培养目标中使用了复合型、国际化、专业化、应用型等词语,突出了"高级""引领者""管理""解决问题"等字样。从这一点可以看出,汉语国际教育领域教育博士专业的人才培养是面向基础教育和高等教育两个方面的需求,并以科研能力为重点的。

(二)培养模式

根据杨杏芳(1998)的论述,人才培养模式"是指在一定的教育思想和教育理论指导下,为实现培养目标而采取的教育教学活动的组织样式和运行方式等"[4]。不同的模式培养不同类型、规格的人才,不同的培养模式对入学条件、毕业资格等事宜有不同的要求。因此,本文主要对8所院校的培养模式中的学制、指导方式进行分析,具体内容见表3。

表3 8所院校的培养模式

学校名称	学制	指导方式
首都师范大学	弹性学制(基本学制为4年);脱产在校学习和实习实践时间累计不少于两年半	导师指导和集体培养相结合
上海外国语大学	基本学制为3年,延长期半年~3年(含休学) 达到要求可申请提前答辩	导师负责+导师指导小组集体指导等
广州大学	弹性学制(年限为4~6年) 脱产在校学习和实习实践时间累计不少于两年半	导师指导+导师组集体培养
河北师范大学	学制为4年,最长学习年限为6年;脱产在校学习和实习实践时间累计不少于两年半;不得提前毕业	—

续表 3

学校名称	学制	指导方式
东北师范大学	基本学制为 4 年,最长修业年限为 6 年 脱产在校学习时间不少于一年(累计)	导师负责+集体培养;脱产集中学习与分散自主学习相结合(分散自主学习期间博士生应与导师组保持密切的联系);导师组应通过各种手段加强过程指导与监督
南京师范大学	基本学制为 4 年,最长不超过 7 年 脱产在校学习和研究时间不少于一年(累计)	导师负责和导师组集体指导相结合;双导师制(校内导师+校外导师共同指导);实施导师组集体指导制度
华东师范大学	学制为 4 年,最长学习年限为 6 年	导师负责制
湖南师范大学	学制为 4 年,最长学习年限为 8 年(包括休学和保留学籍) 脱产在校学习及实习实践时间不少于两年半	—

以培养模式为基础的文本分析结果显示,8 所院校的学制通常为 3~4 年,最长不超过 8 年,脱产在校的时间不少于一年。前两个学年一般是在校学习专业课程,或参加实习实践,如首都师范大学、广州大学、河北师范大学、湖南师范大学明确规定脱产学习和实习实践时间累积不少于两年半;东北师范大学、南京师范大学则是不少于一年。上海外国语大学达到要求还可以申请提前答辩,但河北师范大学明确说明不得提前毕业。

在导师的指导方式方面,8 所院校中,除河北师范大学和湖南师范大学没有对导师的指导方式做出明确说明,其他院校均对导师的指导方式做出了说明。如华东师范大学主要采用导师负责制;其余院校均采用导师负责和集体培养相结合的方式。其中上海外国语大学还采取与境外著名高校积极开展合作的形式,吸收境外优质教育资源共同参与培养过程。南京师范大学在导师负责和导师组集体指导相结合的基础上,还实行校内导师与校外导师共同指导的双导师制。研究生培养的第一责任人为校内导师,对在校研究生的课程学习、课题研究、教学实践、论文撰写等环节进行指导,指导过程伴随学生的整个研究生生涯;而研究生专业能力方面的指导,主要由校外导师完成,如教学实践能力的进一步提高、良好职业道德的形成等。另外,研究生学位论文的选题、开题、写作等过程也需要校外导师适当进行指导。东北师范大学还强调在分散自主学习期间博士生应与导师组保持密切的联系。

综上所述,8所院校的培养模式在学制上基本上都是3~4年,最长修业年限根据各校的情况有所不同。在指导方式上,大都采用的是导师负责和集体指导相结合的方式。在培养过程中,除东北师范大学强调在分散自主学习期间博士生应与导师组保持密切的联系外,其他院校在培养方案中并未做出明确说明,导师如何对博士生的学习过程进行监督和有效指导也无从体现。

(三)课程设置

课程设置是培养目标的体现形式和实现路径。陈永明认为,课程设置即教学计划,是在一定的培养目标的指引下选择适合的课程内容、确定学科门类及活动形式,对教学时数、学年及学期顺序等做出合理的规划,形成合理的课程体系,是课程的总体规划。[5]因此,针对汉语国际教育专业博士的学科背景、专业特色和需要,设计出一套科学的课程体系,使其理论上有高度、知识上有广度、技术上有深度、经验上有厚度,从而使学生具有深厚的理论基础,掌握系统的专业知识和科学而又严谨的研究方法,是十分必要的。

1. 汉语国际教育专业博士的公共课要求

从表4可知,汉语国际教育专业博士的公共课主要围绕思想政治和英语展开,这与培养目标中对汉语国际教育领域教育博士专业学位获得者的良好的思想道德素质、人文素质和外语能力的培养要求相一致。

表4　8所院校的公共课要求

学校名称	公共课要求
首都师范大学	公共课必修2门,包括外语课、政治课
上海外国语大学	学位公共课必修2门,从马克思主义与当代、马克思主义经典著作选读、外国语Ⅰ级、外国语Ⅱ级中选择;公共课选修1门
广州大学	从中国马克思主义及其当代发展、英语阅读与写作、教育和汉语国际教育前沿中选2门课程
河北师范大学	4门必修,包括马克思主义经典著作选读、中国马克思主义与当代、英语读写、英语听说
东北师范大学	必修课1门,为人文社会科学专题

续表 4

学校名称	公共课要求
南京师范大学	公共课2门必修,从博士第一外语、马克思恩格斯列宁经典著作选读、中国马克思主义与当代中选2门课程
华东师范大学	公共课2门必修,包括中国马克思主义与当代、外语
湖南师范大学	公共课4门必修,包括英语口语、英语阅读、英语写作、马克思主义与当代

2. 汉语国际教育专业博士的专业课程要求

汉语国际教育专业博士,需要有深厚的学科知识和较高的教学管理水平,这也是专业博士与学术博士最大的不同。由表5可知,8所院校的专业课程要求主要包括教育理论课程、语言类课程,以及中华文化与传播类课程。

表5 8所院校的专业课程要求

学校名称	专业课程要求
首都师范大学	教育理论模块必修5门,分别为教育理论专题研究、汉语作为第二语言的本体研究、第二语言习得研究、汉语作为第二语言教学理论与方法研究、中华文化与跨文化专题研究
上海外国语大学	专业必修课3门,包括语言研究方法、跨文化交际与传播、教育语言学;专业选修课至少2门(由导师指导),从语言类型学和汉语类型、汉语跨文化语用失误研究、汉语作为第二语言习得研究、二语教学与中华文化传播、对外汉语教学法、汉语国际教育前沿与热点中选择
广州大学	必修4门,包括教育基本理论专题、教育研究前沿、汉语国际教育理论和实践专题、汉语研究;选修2门,从中华文化与跨文化专题、现代语言学理论、汉语国际教育课程教学和体系设置专题、现代传播学理论、汉语国际教育综合评价、中外教育比较专题中选择
河北师范大学	必修3门,包括汉语国际教育理论及课程体系专题、语言研究理论专题、文化传播及比较专题
东北师范大学	专业核心课必修2门,包括教育经典著作研读、教育改革发展基本问题研究;专业方向课必修3门,包括教育领导与管理专题研究、课程与教学专题研究、汉语国际教育专题研究;专业选修1门,为专业外语

续表 5

学校名称	专业课程要求
南京师范大学	教育理论不少于 6 学分,从教育理论研究、教学论专题研究、课程论专题研究、汉语国际教育理论、应用语言学专题中选择;另外要求参加汉语国际教育前沿讲座 6 次,参加讲座 4 次以上并撰写学习报告,可计 1 学分
华东师范大学	学位基础课 5 门,包括教育基本理论与发展专题研究、汉语国际教育理论与实践、语言政策与语言教育政策、教育与技术整合研究、汉语作为第二语言/外语教学;专业选修课 2 门,从语言分析与汉语语言要素教学、中国文化精神专题、话语分析方法、中外论证方式比较研究中选择
湖南师范大学	教育理论必修 3 门,包括汉语国际教育理论与实践专题、中华文化与跨文化专题、汉外语言对比专题;选修 2 门,包括跨文化沟通与交流专题、教育原理专题

其中,教育理论课程,包括教育理论专题研究、教育研究前沿、汉语国际教育理论及课程体系专题、教学论专题研究、汉语国际教育理论与实践专题等;语言类课程,如第二语言习得研究、汉语作为第二语言的本体研究、语言类型学和汉语类型、应用语言学专题、语言分析与汉语语言要素教学等;中华文化与传播类课程,如中华文化与跨文化专题研究、跨文化交际与传播、文化传播及比较专题等。这样的专业课程要求与培养目标是匹配的,即使学生获得扎实的专业知识,达到适应国际汉语教育的理论水平。随着教育现代化和线上教学模式的兴起,现代教育技术的应用也是汉语国际教育专业博士亟须掌握的一项技能。除华东师范大学设置了教育与技术整合研究的相关课程,其他院校的课程设置中均未体现。

3. 研究方法类课程要求

要进行高质量的汉语国际教育研究,就必须在教学实践的基础上,运用合理的研究方法。由表 6 可知,汉语国际教育领域专业博士的培养重视质性研究和定量研究等科学的研究方法,其中广州大学设置了大数据与人工智能运用方法、教育统计及相关软件运用等课程,实用性高,也符合培养目标中对汉语国际教育领域专业博士的研究能力的要求。汉语国际教育教学研究是基于教育学、语言学、文化学等多门类交叉学科的教育研究,影响因素众多,不同的研究主题需要采用不同的研究方法,要遵循学科操作规范,以保证其科学性、严谨性和可靠性。

表6 8所院校的研究方法类课程要求

学校名称	研究方法类课程要求
首都师范大学	必修2门,包括汉语国际教育研究方法、大数据和人工智能技术在汉语国际教育中的应用
上海外国语大学	必修1门,为人文社会科学研究方法与学术前沿
广州大学	从教育的质性研究、教育的定量研究、语言教学信息集成与分析、大数据与人工智能运用方法、教育统计及相关软件运用等9门课程中选择修读不少于8学分的课程;还需在汉语国际教育实务与实践研究模块中选择修读6学分的课程
河北师范大学	必修1门,为研究方法专题
东北师范大学	必修2门,包括教育研究方法Ⅰ、教育研究方法Ⅱ
南京师范大学	从教育研究方法论、定量研究方法、质性研究方法、课程与教学方法论研究4门课中选择修读4学分的课程;另外还需在教育实务与实践研究模块中选择修读6学分的课程
华东师范大学	必修1门,为教育研究方法专题,选修中外论证方式比较研究
湖南师范大学	必修3门,包括二语教学与二语习得方法研究、国际课堂教学技巧与调控分析、语言教学信息集成与分析;再从跨境跨文化比较分析、学科交叉融合创新方法、教育研究方法专题3门中选择1门修读

(四)教学实践

作为跨学科、跨国别的语言教育学科,汉语国际教育专业重视对教育博士专业学位获得者的语言教学实践能力的培养。通过对上述8所院校的培养方案进行的文本分析发现,8所院校都对汉语国际教育专业博士培养期间的教学实践提出了明确的要求。例如,首都师范大学要求博士生在读期间需要到孔子学院(孔子课堂)、相关国际岗位或模拟国际岗位进行为期一年以上的教学或管理实习实践,或赴海外高水平汉语国际教育机构进行为期一年以上的高访实践,并在结束后提交实习实践情况报告。上海外国语大学要求博士在学期间,须完成不少于两个学期的汉语国际教育实践活动,原则上须赴孔子学院任教或从事管理工作,亲身感受和体会国际汉语教育,获得一线实践经验,或到海外著名大学或研究机构从事教学研究、教学管理、教材研发、本土师资培训、中华文化传播等一种或多种工作,不少于一学期。其他院校也分别对实践、研习做出了规定。汉语国际教育专业博士丰富的实践经历,对其未来的科研工作也是大有裨益的,不仅有利于寻找研究课题,对打破过去科学教育研究脱离教学实践的困境也有很大的帮助。

四、优化建议

针对上文文本分析发现的问题,提出以下优化建议。

(一)创新人才培养理念,突出个性化培养特色

制定培养目标是人才培养的关键环节。通过上文分析可知,8所院校的培养目标虽涉及思想、知识和技能等多个方面的内容,强调复合型、专业型人才的培养,但既要求汉语教师具备汉语教学能力,又要求其具备教学管理、公共外交等能力,难免使培养陷入流程化,产生培养理念模糊等问题。在汉语国际教育事业日益呈现多元化发展趋势的今天,其培养理念也应突出多元化特点。高校可以根据自身的定位与特色,结合自身的历史传统与相对优势,树立个性化人才培养理念;也可以立足学生实际情况,科学制定人才培养目标,突出培养特色,例如,可根据有无相关学习经历对学生进行分类,进行有针对性的培养。

(二)完善导师负责制,重视过程指导与监督

导师指导是影响博士生培养质量的因素之一。[6]在对8所院校的培养模式进行分析后发现,各院校在培养模式上虽然大部分明确了导师负责和集体培养相结合的指导方式,但是具体指导过程并没有做出明确要求。尤其是根据各校的规定,在3~4年的学制中,脱产在校学习和实习实践时间为1~2.5年不等,但对于剩余时间如何安排并未做出明确要求。如何加强导师对博士的指导也是值得考虑的问题。因此,建议各院校进一步完善导师负责制,对导师指导的周期或时间、指导的内容,以及师生见面交流的形式和频次等做出详细说明。同时,也要完善学生评价导师机制,重视学生的反馈意见,例如,建立导师与学生互评制度,根据双方的满意度及时做出调整。

(三)优化课程体系,突出前沿课程的学习

课程学习是培养博士生掌握扎实、宽广的基础理论的重要手段之一,同时还可以帮助他们获得系统、深入的专业知识,是博士生培养工作的一个重要环节,应该引起足够的重视。[7]研究发现,8所院校的课程内容基本一致,缺乏创新性、管理性课程的设置,且部分课程与硕士阶段的课程差别不大,不能很好地吸引学生。另外,只有华东师范大学在专业课程中设置了紧跟时代前沿的课程内容(教育与技术整合研究)。高校应对课程体系做出优化,突出针对性,例如,可以针对汉语

国际教育多学科交叉的特点开设跨学科、跨专业的课程,或者开设哲学、逻辑学等课程,培养学生的批判性思维,强化发散性思维的训练。另外在线上教学广泛兴起的背景下,可以开设针对线上教学实践与研究的课程,例如,信息技术与教学的整合等。

五、结语

培养方案是专业人才培养质量的体现。作为最高级别的研究生教育,汉语国际教育领域的博士生培养工作肩负着为我国培养符合现代化发展要求的、高素质的科学研究人才的任务,对其培养质量进行研究是十分必要的。笔者在我国招收汉语国际教育专业博士的20多所院校的官方网站上搜集到了8所院校的培养方案,并对其进行文本分析,发现其在培养目标、培养模式、课程设置、教学实践方面存在一些问题,最后在现实需要的基础上针对以上问题提出了优化建议。随着我国汉语国际化教育的不断发展,面临的问题也越来越多,需要我们认真对待,积极应对。国家教育部门和各学校要合理制订培养方案,学生也要积极配合培养要求,不断提高自身的专业素质。唯有如此,才能为我国汉语国际教育事业培养出更多、更好的专业人才,从而推动汉语国际教育事业的深入发展。

参 考 文 献

[1] 丁安琪.汉语国际教育硕士:专业发展十一年[J].国际汉语教育(中英文), 2018,3(4):18-35.

[2] 施家炜.汉语国际教育专业人才培养的现状、问题和发展方向[J].国际汉语教育(中英文),2016(1):13-17.

[3] 李宝贵.教育博士专业学位研究生招生问题的透视与改进——以汉语国际教育领域为例[J].教育科学,2019,35(5):82-91.

[4] 杨杏芳.论我国高等教育人才培养模式的多样化[J].高等教育研究,1998 (6):69-72.

[5] 陈永明.中日两国教师教育之比较[M].上海:华东师范大学出版社,1994: 35-38.

[6] 尹晓东.博士研究生培养质量主要影响因素研究:基于五所高校的实证分析[D].重庆:西南大学,2014.

[7] 王收阁,曹秉刚.重视课程学习 优化知识结构 提高博士生培养质量[J].学位与研究生教育,1997(1):14-16.

国际中文教育专业相关领域外籍博士毕业论文选题调查研究

董孟菲(华北理工大学)　李东伟(华北理工大学)

摘　要:目前,国际中文教育高端人才培养面临着重大的发展机遇,世界各国的中文教育进入转型升级关键期,急需具有博士学位的高层次、高水平的人才。博士毕业论文可以反映博士生的学习效果,也能反映出博士生的培养质量。本文通过分析相关领域外籍博士毕业论文的选题,发现外籍博士的毕业论文选题主要有7个类别,选题内容主要集中在汉语教学、对比分析、偏误分析领域。本文从个人、导师、培养院校3个方面分析了影响外籍博士论文选题的因素。最后提出"拓宽研究领域""投身教学实践""强化导师责任,建立多方联系""提高生源质量""加强顶层设计,实行弹性学制"等建议。

关键词:国际中文教育;外籍博士;毕业论文

一、引言

《研究生教育学科专业目录(2022)》中,原"汉语国际教育"专业学位类别更名为"国际中文教育"专业学位类别(0453),并且增设博士专业学位,这标志着国际中文教育本科、硕士、博士贯通培养体系的正式建成,对于国际中文教育事业的发展和学科建设意义深远。[1]习近平总书记在党的二十大报告中指出:"加强人才国际交流,用好用活各类人才。深化人才发展体制机制改革,真心爱才、悉心育才、倾心引才、精心用才,求贤若渴,不拘一格。"这就要求国际中文教育专业要紧跟时代发展,加快学科建设,培养高层次的复合型人才。

国内对于国际中文教育相关领域的博士毕业论文的研究较少,关注度不高。杨薇、陈媛媛、钟英华对近10年来国际中文教育相关领域博士学位论文的选题和研究方法进行分析,梳理出了中外学生在博士论文选题及研究方法上存在的异

基金项目:教育部中外语言交流合作中心2020年度国际中文教育研究课题"汉语国际教育博士(留学生)培养现状与优化方案研究"(20YH20C)。

同,并提出了一些改进的建议。[2]但是,专门针对外籍博士生毕业论文选题的研究很少。本文对9所高校国际中文教育专业相关领域106篇外籍博士毕业论文的选题类别和选题内容进行了深入考察与分析,以期为新形势下国际中文教育专业培养高层次的人才提供参考。

二、研究设计

(一)研究对象

中国知网(CNKI)是国内最大的文献数据库来源,因此本文以中国知网上的文献作为研究的样本。利用中国知网文献检索的方式以"作者单位"为关键词,在主题栏中依次搜索北京大学、华东师范大学、东北师范大学、华中师范大学、南京师范大学、上海外国语大学、上海师范大学、中央民族大学、西南大学9所高校的博士生毕业论文,在"学科"栏中选择中国语言文字,并逐一进行筛选。"截至2020年底,国际中文教育相关专业(领域、方向)的外籍博士生培养类型主要包括三种。(1)语言学及应用语言学专业下设的对外汉语教学方向的学术型博士。(2)自设的汉语国际教育及相关专业的学术型博士。(3)教育学专业博士下设的汉语国际教育领域的专业型博士。"[3]本文将以上关于国际中文教育相关领域外籍博士生的培养类型作为参考,在中国知网上共搜集到106篇研究方向为国际中文教育、对外汉语教学、语言学及应用语言学等的外籍博士的毕业论文,我们将其作为本文的研究对象。

(二)研究方法

本文主要采取可视化研究方法,可视化研究方法是指将复杂的数据转变为可视化数据之后,通过形象、直观的手段展示复杂的内容。CiteSpace是美国教授陈超美基于Java应用开发的数据挖掘工具,其利用算法和计量方法获取相关论文的研究热点和潜在发展趋势。我们对搜索到的论文标题、作者、摘要、关键词等信息进行数据预处理后,使用CiteSpace对关键词进行共现网络分析,可以得到外籍博士毕业论文选题的关键词聚类图和高频关键词频率。本文应用科学的可视化技术和计量学方法,对国际中文教育专业相关领域外籍博士的毕业论文选题进行分析,可以为今后的相关研究提供借鉴。

三、国际中文教育专业相关领域外籍博士毕业论文分析

研读和整理样本,一方面可以更具体地把握国际中文教育相关领域外籍博士毕业论文的选题,另一方面可以更清晰地了解国际中文教育相关领域外籍博士毕

业论文的整体情况。

(一)博士申请及毕业论文要求

在各高校官网,以培养方案或毕业论文为关键词进行搜索后得到了9所高校撰写毕业论文的要求,我们发现其对国际中文教育专业博士毕业论文的要求和博士申请的要求符合国务院学位委员会和教育部共同发布的《博士、硕士学位基本要求》,详情见表1。

表1 博士申请及毕业论文要求

学校名称	申请条件、学制	毕业论文要求
北京大学	在教育或有关行业工作两年以上,人文科学造诣高,对中国语文和文化有较深了解,并取得一定成绩的各级教师 基本学习年限为4年,第一学年在校上课	在指导教师和团队的指导下,自己独立完成博士论文,论文要具有较强的创新性和系统性
华中师范大学	从事对外汉语教学及相关工作的教师	博士生至迟应在第2学期期末确定学位论文题目 博士生学位论文选题要有重要的理论意义和学术价值;具有创新性和一定的先进性。鼓励学生积极参与指导教师承担的科研项目,注意选择有重要应用价值的课题,结论应将领域研究进一步深化
上海师范大学		论文正文一般不少于10万字,外文提要为4 000字符,中文提要为2 000字,正文中必须有学术综述部分,正文后提供必要的参考文献 学位论文应该有较高的理论价值或应用价值,体现专业内涵,有较高的创新性和前沿性

续表1

学校名称	申请条件、学制	毕业论文要求
上海外国语大学	基准学制4年	国外学生在导师同意的情况下,可以用英文撰写论文,不能少于5万字;博士学位论文的选题,应在指导教师的指导下,经过仔细的调研和文献整理,坚持科学性、创新性和可行性相结合的原则,以汉语国际教育为基础,从学科最前沿出发,选取对学科发展和社会、经济发展有理论价值和实践意义的课题
西南大学	具有相当成就的从事汉语国际教育的教师 学制为4年,前两年短期集中授课	博士论文选题应该从教育教学、教育管理等实际工作中的关键问题出发,选择有理论和实际意义的研究对象;在研究中综合运用有关理论和科学方法对教育实践中的问题进行分析与解决;要重视科研结果的实践性,在实践中进行知识创造;论文字数不少于8万字
中央民族大学	专业功底扎实,对汉语国际教育的研究有浓厚的兴趣,有很强的科研能力和理论思考能力;具备从事汉语国际教育相关工作的良好天赋,汉语口头和文字表达能力强,外语听说读写熟练	选题与综述具有规范性、创新性 博士学位论文要能体现出学科前沿性和创新性,应以创造性研究成果为主体,能反映作者已具备独立从事教育科学研究工作的能力,并且在学科上已拥有扎实的理论基础和深厚的专业知识 博士阶段用两年以上的时间完成毕业论文
华东师范大学	从事汉语国际教育专业的教师,有5年及以上的教学经验,有一定成果 学制为4年,最长学习年限为6年	在撰写论文时,应注意将汉语国际教育中遇到的问题与科学理论结合,重视创新和实践;学位论文的字数应该在8万字以上
南京师范大学	具有5年以上教育及相关领域全职工作的经历 基本学习年限为4年,在校最长年限不超过7年	博士论文必须在博士生导师和指导小组的指导下独立撰写 学位论文的格式按学校规定执行,论文的字数一般不低于6万字

分析上述资料可以发现,大部分学校对于申请国际中文教育专业博士的经验有要求,例如,华东师范大学要求申请者需要有5年及以上的工作经验。各校的基本学制为4年,南京师范大学和华东师范大学还明确提出了最长学习年限。

分析毕业论文要求发现,9所高校都对毕业论文的创新性和实践性提出了要求。在撰写毕业论文使用的语言方面,只有上海外国语大学明确提出外国学生可以在导师允许的情况下使用英文撰写毕业论文。上海师范大学、上海外国语大学、华东师范大学、西南大学、上海师范大学、东北师范大学、南京师范大学都提出了论文字数的要求,虽然各校论文字数要求不一致,但是都要求在5万字以上。

(二)主要责任者国别及毕业院校分析

对在中国知网上搜索到的博士论文进行分析,由于部分学校的外籍博士毕业论文中没有体现国别,因此部分学生的国别是通过阅读论文的正文内容或者致谢部分得出的,结果发现国际中文教育专业相关领域的外籍博士毕业生的来源主要是越南、泰国、韩国。外籍博士的国别分布如图1所示。

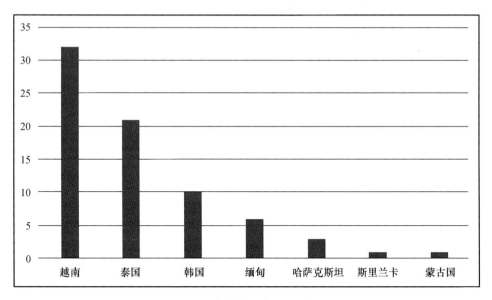

图1 外籍博士的国别分布

其中来自越南的博士生数量最多,为32人;来自泰国的博士生数量为21人,来自韩国的博士生数量为10人。来自欧洲国家的博士生数量为0。越南、泰国、韩国等亚洲国家的语言和汉语之间的差异小,而欧洲国家的语言和汉语的差异大,这可能也是来自欧洲国家的国际中文教育专业相关领域外籍博士数量较少的原因。对论文进行分析发现,外籍博士主要来源于对外汉语教育学院、文学院和教育学院,学习的专业主要是语言学及应用语言学、汉语言文字学、国际汉语教学、比较教育学(详情见附录)。

在中国知网上搜索到9所高校的国际中文教育专业相关领域外籍博士的毕业论文后进行统计,其中华中师范大学国际中文教育专业相关领域外籍博士的毕业论文数量最多,为32篇,占比30%;其次是中央民族大学,外籍博士的毕业论文数量为24篇,占比23%;紧随其后的是华东师范大学和上海师范大学,毕业论文数量分别为13篇和12篇,分别占比12%和11%;余下的上海外国语大学、南京师范大学、西南大学、东北师范大学、北京大学的毕业论文数量均在10篇以下,如图2所示。

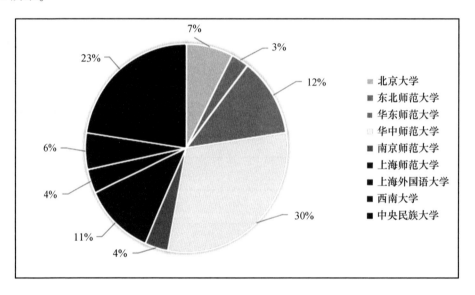

图2　9所高校国际中文教育专业相关领域外籍博士的毕业论文数量占比情况

通过上文分析及图1可以发现,在招收国际中文教育专业相关领域外籍博士生的学校中,华中师范大学和中央民族大学的外籍博士的毕业论文数量是比较多的,这可以反映出华中师范大学和中央民族大学国际中文教育专业相关领域培养了大量的外籍人才。

(三)毕业论文选题类别分析

对中国知网上搜索到的外籍博士毕业论文进行编码,主要采取以下方法确定论文的类别:首先将106篇论文的基本信息,包括主要责任者、论文题目、专业、毕业院校、导师录入Excel表格中,这样就建立了一个可供分析的信息资源库。[4]之后对下载的 111 篇论文的题目采取人工阅读的方式确定论文选题所涉及的领域。通过阅读概括出国际中文教育专业相关领域外籍博士毕业论文的选题类别。目前国际中文教育专业相关领域外籍博士毕业论文的选题类别如下。

（1）语言本体研究。例如，华东师范大学阮氏丽娟的毕业论文《汉语方位词及其类型学特征——从汉语、越语与英语对比的视角》。

（2）中外语言对比。例如，华东师范大学的李英兰围绕汉语和韩语饮食词汇隐喻对比来撰写毕业论文。

（3）中文作为第二语言习得研究。例如，华中师范大学的何大力以阿拉伯学生汉语学习偏误为研究内容撰写毕业论文。

（4）教学研究。例如，华中师范大学的阮李威欣以《对越汉语教学中的离合词研究》作为题目撰写毕业论文。

（5）国际传播研究。中央民族大学的陈灵芝的毕业论文从汉语国际传播视角分析越南高校汉语教学发展。

（6）国际关系研究。中央民族大学的吴有进以《泰国汉语传播对中国国家形象认知影响研究》为题撰写毕业论文。

（7）区域国别教育研究。中央民族大学的海客在多语背景下研究突尼斯中文教育的发展。

通过对外籍博士毕业论文进行的分析可以看出，外籍博士的毕业论文类别呈现出多元化的特点，但是选题类别仍然存在一定局限。

（四）毕业论文选题内容分析

1. 关键词共现知识图谱分析

国际中文教育专业相关领域外籍博士毕业论文的关键词共现知识图谱（图3），看起来像是一个大容器，通过不断扩大 control panel 栏目下 threshold 的数值，发现选题频率少的内容随着数值的增大在图上逐渐消失。汉语教学像是一个核心，偏误分析、对比分析，如汉越对比，还有文化、语法、句法等相关领域就像分支，围绕在汉语教学周围。从图 2 中可以看出外籍博士毕业论文选题主要集中在汉语和其母语国家语言在语法、文化层面的对比研究上。

留学生来到中国以后，他们深入地了解、学习汉语，经常把汉语、汉文化和母语、母文化进行对比，这使得他们的论文与母语、母文化以及自己国家的汉语教学有很强的关联性。例如，上海外国语大学的李玉洁，其论文研究的内容为面向汉语国际教学的汉泰多项定语对比。外籍博士毕业论文也呈现出明显的国别化研究趋势，重视本土汉语教学及教材。例如，华中师范大学的陈氏青梅的论文内容为针对越南商务汉语教材编写的研究。

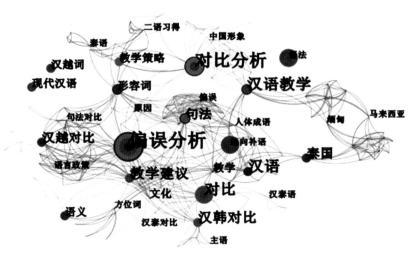

图 3 关键词共现知识图谱

当前我国国际中文教育专业相关领域的区域国别化研究不断取得新成果,其中不同国家的汉语教育政策、方式往往受到其自身的语言的制约与限制,因此针对某一个国家的语言政策需要因地制宜地进行研究,通过关键词共现知识图谱可以发现泰国、越南等国家的政策研究也是外籍博士毕业论文研究的热点之一。例如,华东师范大学的韦丽娟,其论文内容为泰国汉语教育政策及其实施研究。

2. 关键词中心性及频次分析

在关键词共现知识图谱中,中介中心指标通常反映节点关键字在图谱中的关键作用,是连接不同群体的重要节点。在选定的阈值下,外籍博士毕业论文的中介中心性不小于0.1的关键词有6个(表2)。其中,"偏误分析""对比分析""句法"的中心性位列前三,中心性分别达到0.33、0.18、0.18,"教学""汉语教学""形容词"中心性都在0.1及以上,充分表明外籍博士学位论文选题的关注重点在偏误分析、对比分析和汉语本体研究上。

表 2 外籍博士毕业论文研究主题高频关键词

高中心性关键词		
序号	关键词	高频中心性
1	偏误分析	0.33
2	对比分析	0.18

续表 2

高中心性关键词		
序号	关键词	高频中心性
3	句法	0.18
4	教学建议	0.17
5	汉语教学	0.14
6	形容词	0.1

四、影响国际中文教育专业相关领域外籍博士毕业论文选题的因素

（一）个人

学生的专业知识水平、对学习的投入程度、本科专业影响着毕业论文的选题。外籍博士生可能本科阶段在母语国家学习汉语，到了硕士、博士阶段才来到中国，以更加深刻地了解汉语和汉文化知识。留学生在撰写博士毕业论文时会受到学术能力、汉语水平的局限，在论文撰写过程中容易受到母语影响而出现偏误。另外平时阅读文献数量少，缺乏文献综述能力，也会影响毕业论文的写作。由于平时不重视论文的撰写，写作能力无法提高，可能会产生写作压力大、写作困难的问题。[5] 这也导致学生在选择博士毕业论文的研究内容时更容易偏向选择汉语与自身母语之间的对比。

（二）导师

撰写毕业论文是一项漫长且繁复的工作，博士生导师的专业素质和研究水平在博士生的整个教育过程中发挥着至关重要的作用，导师是影响博士生培养质量的直接因素。在博士生撰写毕业论文时，导师起到的是"授业解惑"的作用。导师的思维模式对于培养博士生的研究思维、提高其基础问题的解决能力具有重要意义。学生写出高质量的论文，一方面取决于自身因素，另一方面也依赖于导师的指导与协助。[6]

根据数据统计可以发现，106 名外籍博士的毕业论文由 54 位博士生导师指导完成（详情见附录），论文研究涉及多个领域，这和博士生导师的学科背景具有复杂性和多元性有很大的关联。根据调查，博士生导师的研究方向涵盖对外汉语、语言学及应用语言学、汉语言文字学等多个学科领域。这也体现了国际中文教育

这一专业具有交叉学科的性质。

(三)培养院校

为了满足我国中文教育事业发展的需求,培养高层次、高水平、复合型的人才,一些高校开始招收汉语国际教育领域教育博士专业学位博士生。通过分析上述9所学校招收博士生的要求可以发现,博士申请要求有相关工作经验,部分院校甚至要求达到5年。试想,硕士毕业的留学生年龄大概26岁,加上5年的工作经验,等到攻读完博士学位毕业时年龄将远远超过30岁,毕业、就业及家庭压力会随之而来,各种压力会影响博士生的论文选题及学位论文的撰写工作。

另外,通过研究上述高校的培养方案、博士申请及毕业论文要求可以发现,教育实践类的课程也是博士学习阶段所必需的,毕业论文选题与课外实践有密切的关联。通过教学实践,学生可以获得更多的专业知识、技能,并为毕业论文提供更多的思路。部分学生在实践过程中选择自己感兴趣的方向作为论文研究内容,利用实践经历完成毕业论文的撰写。部分学生在选择研究内容时会选择汉语教学或者某个国家学生学习汉语的偏误情况,这和博士生的汉语教学经历有较大的关系。

五、针对国际中文教育专业相关领域外籍博士毕业论文选题的建议

(一)拓宽研究领域

对106篇学位论文的选题进行统计分析发现,外籍博士对中华文化传播、跨文化交际、汉语师资培养领域的研究较少,选题以汉语作为第二语言教学和汉语习得研究两个领域为主。一方面表明博士生对本专业的前沿问题和热点问题关注不够,不能很好地把握学科的发展现状及趋势,另一方面也反映出当前学位论文的研究领域集中,学生的视域比较狭窄。因此,博士生应多关注本专业的学术发展新成果,多阅读文献,可以通过线上、线下相结合的多种形式参加学术论坛和讲座,在动态的学术氛围中形成创新的思路,从最新的研究成果中找到具有创新性和实践性的论文题目。

(二)投身教学实践

教学实践能让外籍博士将课堂学到的理论知识应用于教学实践,在教学实践的过程中不断地思考并写成论文[7],因此将实训教学应用到博士培养中是非常重要的,在实践过程中强化博士生的问题意识和教育反思能力。对于国际中文教育

专业的博士生来说,最直观、有效的学习方式就是通过教育实践找出问题,进而选择一个具有研究价值的论文题目。应鼓励博士生踊跃参与教学活动,在活动中发现问题、寻找方法、解决问题,教学实践和论文撰写相结合的方式会使研究更具说服力和参考价值。

(三)强化导师责任,建立多方联系

高校应该赋予导师更多的职责,因为保证博士生学位论文质量是最重要的。需要加强导师对博士生选题的指导以及与博士生的信息交流,尤其是在目前国际中文教育博士培养规模还不是特别大、范围还不是特别广的时候,这种交流不仅"可能",而且"可为"。具体来说,一方面可以依托全国汉语国际教育专业学位研究生教育指导委员会举办的国际中文教育专业博士生论坛等活动或者国际中文教育方面的高级别学术会议等,进行多方的即时沟通和互动,另一方面可以创建国际中文教育专业外籍博士生、博士生导师的微信或QQ交流群,借助网络平台,更便捷地为在读博士生提供学术交流和相互切磋的机会,进而了解其研究动向,更好地为选题把脉。

(四)提高生源质量

目前国际中文教育专业相关领域的外籍博士来源有两种,第一种是通过考试选拔招收博士生,第二种是在硕士生中选拔优秀学生硕博连读。一般情况下,优秀的博士学位论文选题多为本学科的前沿问题和难点问题,挑战性较强。完成较难的题目需要的时间可能比较长,因此可以在硕士生中挑选潜力较大的学生,推荐他们攻读国际中文教育专业的博士,让其在攻读硕士学位期间打好学业基础,这样有利于课题的深入研究,可以更好地产出科研成果。

(五)加强顶层设计,实行弹性学制

加强国际中文教育专业相关领域外籍博士的培养力度,放眼国际中文教育的未来发展,解决近年来学术成果产出较少的问题。从顶层设计角度加强国际中文教育专业相关领域外籍博士的培养力度,具体可从两个方面考量:第一,继续强化国际中文教育专业博士点建设。第二,呼吁开设国际中文教育专业博士点的高校加强国际中文教育专业师资队伍建设,尤其在博士生导师选拔与认定方面,可以更多地向有国际中文教育学科背景的研究者倾斜。学校还可以采取灵活学制,3~5年的学制可为博士生和导师选择前沿课题和取得创造性成果提供充足的时间。

六、结论

本文对9所院校国际中文教育专业相关领域外籍博士毕业论文的主要责任

者国别、论文数量、选题内容、选题类别等几个方面进行了研究,从个人、导师、培养院校3个方面分析了影响学生论文选题的因素,并提出了相关建议。由于笔者知识储备有限,本文可能存在一些不足,笔者会在日后学习中持续关注国际中文教育专业的前沿问题,为培养国际中文教育专业的高端人才建言献策。

附　　录

附表1　国际中文教育专业相关领域外籍博士毕业论文选题一览表

主要责任者	论文题目	毕业院校	年份	国别	导师	专业
李晓奇	《现代汉语系词类动词的省略研究》	北京大学	2016	韩国	沈阳	汉语言文字学
奇唯美	《程度副词句法语义语用特征及分类研究》	北京大学	2015	韩国	沈阳	汉语言文字学
金贤姬	《汉韩语言认知视点的对比研究——从主语及话题生命度的角度》	北京大学	2014	韩国	王洪君	语言学及应用语言学
卢慧静	《语言接触与语言层次研究——以韩国汉字音为例》	北京大学	2014	韩国	陈保亚	语言学及应用语言学
宋时黄	《韩国学生汉语简单介绍句韵律研究》	北京大学	2013	韩国	王若江	语言学及应用语言学
柯伟智	《汉语结果补语与泰语对应形式的对比研究》	北京大学	2013	泰国	李晓琪	语言学及应用语言学
金道荣	《论阿尔泰语法背景下的汉语"把"字句偏误的生成机制与教学对策》	北京大学	2010	韩国	王洪君	语言学及应用语言学
朴乡兰	《近代汉语表使役与表被动的"教/叫"字句研究》	北京大学	2010	韩国	蒋绍愚	汉语言文字学
Sajid Iqbal	*A Study on Relationship of L2 Learning Beliefs, Anxiety and Achievement of Pakistani EL2 Learners*	东北师范大学	2018	巴基斯坦	刘永兵	外国语言学及应用语言学

续附表1

主要责任者	论文题目	毕业院校	年份	国别	导师	专业
索伦嘎	《汉蒙人体成语对比研究》	东北师范大学	2013	蒙古国	彭爽	汉语言文字学
裴阮瑞微	《汉越动物俗语的对比研究》	东北师范大学	2013	越南	彭爽	汉语言文字学
阮氏清水	《提升自主学习能力的O2O对外汉语教学模式研究——以越南高校汉语教学为例》	华东师范大学	2020	越南	张际平	教育技术学
荒木京	《汉韩人体惯用语的认知对比研究》	华东师范大学	2018	韩国	张建民	国际汉语教育
金民庆	《汉韩比较句的特征分析与重组》	华东师范大学	2017	韩国	胡范铸	语言学及应用语言学
李英兰	《汉韩饮食词汇隐喻对比研究》	华东师范大学	2017	韩国	徐子亮	国际汉语教育
林明明	《泰国曼谷地区中文地名研究》	华东师范大学	2016	泰国	王平	汉语言文字学
武氏琼妆	《现代汉语、越南语多项状语连用语序对比研究》	华东师范大学	2016	越南	吴勇毅	汉语国际教育
武氏梅花	《越汉植物词隐喻对比研究》	华东师范大学	2014	越南	潘文国	语言学及应用语言学
林胜倩	《汉泰否定性称谓语对比研究》	华东师范大学	2014	泰国	胡范铸	语言学及应用语言学
黄氏娴	《汉语越南语形容词程度表示法比较研究》	华东师范大学	2013	越南	巢宗祺	语言学及应用语言学
阿利耶夫	《现代汉语形容词重叠式的相关问题研究》	华东师范大学	2013	阿塞拜疆	齐沪扬	汉语言文字学
吴氏惠	《语言类型学视野下的越南语、汉语形容词重叠对比研究》	华东师范大学	2013	越南	吴勇毅	语言学及应用语言学

续附表 1

主要责任者	论文题目	毕业院校	年份	国别	导师	专业
韦丽娟	《泰国汉语教育政策及其实施研究》	华东师范大学	2012	泰国	赵中建	比较教育学
阮氏丽娟	《汉语方位词及其类型学特征——从汉语、越语与英语对比的视角》	华东师范大学	2011	越南	王珏	语言学及应用语言学
黄清钰	《汉泰语序、语序理据的对比及对泰汉语教学研究》	华中师范大学	2022	泰国	郭攀	语言学及应用语言学
黎氏全	《汉越基本味觉词对比研究》	华中师范大学	2020	越南	刘云	语言学及应用语言学
阮李威欣	《对越汉语教学中的离合词研究》	华中师范大学	2019	越南	吴振国	语言学及应用语言学
谭秀琼	《含动物语素的汉越成语对比研究》	华中师范大学	2019	越南	吴振国	语言学及应用语言学
曾泉耀	《汉语和越南语疑问句对比研究》	华中师范大学	2019	越南	李向农	语言学及应用语言学
陈正德	《汉泰饮食隐喻对比研究》	华中师范大学	2018	泰国	吴振国	语言学及应用语言学
娄婉娜	《汉泰语存在句对比及教学研究》	华中师范大学	2018	泰国	汪国胜	对外汉语教学
何大力	《阿拉伯学生汉语学习偏误研究》	华中师范大学	2018	—	姚双云	语言学及应用语言学
叶含香	《汉泰方位词比较研究》	华中师范大学	2018	泰国	谢晓明	对外汉语教学
林香蕊	《汉泰疑问句的异同及汉语疑问句的教学策略》	华中师范大学	2017	泰国	储泽祥	语言学及应用语言学
佳妮	《汉语空间介词与僧伽罗语对应形式对比研究》	华中师范大学	2017	斯里兰卡	汪国胜	对外汉语教学

续附表1

主要责任者	论文题目	毕业院校	年份	国别	导师	专业
方唯	《马其顿语和汉语词法比较研究》	华中师范大学	2017	马其顿	吴振国	语言学及应用语言学
金靖艺	《汉泰语称谓词比较研究——以巴金〈家〉和克立·巴莫〈四朝代〉为例》	华中师范大学	2017	泰国	曹海东	语言学及应用语言学
陈张黄黎	《汉语和越南语拟声词对比研究》	华中师范大学	2017	越南	李向农	语言学及应用语言学
阮垂玲	《汉越言说动词对比研究》	华中师范大学	2016	越南	吴振国	语言学及应用语言学
阮明芳	《"汉越词"里的双音节动词研究》	华中师范大学	2016	越南	刘云	语言学及应用语言学
阮氏中秋	《汉语和越南语"反驳"言语行为研究》	华中师范大学	2016	越南	周光庆	语言学及应用语言学
努尔哈利克	《汉—哈主谓句对比研究》	华中师范大学	2016	哈萨克斯坦	陈佑林	语言学及应用语言学
陈氏映月	《汉越语四字格成语的对比研究》	华中师范大学	2016	越南	郭攀	语言学及应用语言学
李氏清平	《越南大学非专业汉语口语教学研究》	华中师范大学	2016	越南	郭元祥	课程与教学论
罗翠贤	《汉越语形容词作状语的比较研究》	华中师范大学	2016	越南	储泽祥	汉语言文字学
陈氏青梅	《对越商务汉语教材编写研究》	华中师范大学	2016	越南	储泽祥	语言学及应用语言学
吴氏翠	《汉语名词对越南语名词及相关文化的影响研究》	华中师范大学	2016	越南	储泽祥	语言学及应用语言学
林仙珍	《汉缅艺术语言对比研究》	华中师范大学	2016	缅甸	骆小所	语言学及应用语言学

续附表1

主要责任者	论文题目	毕业院校	年份	国别	导师	专业
邓海燕	《汉、越人体成语对比研究》	华中师范大学	2016	越南	刘云	汉语言文字学
巴合依拉	《汉—哈语言性别差异对比研究》	华中师范大学	2015	哈萨克斯坦	刘永红	语言学及应用语言学
丁氏青娥	《汉越空间介词对比研究》	华中师范大学	2014	越南	汪国胜	语言学及应用语言学
阮翠娥	《汉语和越南语"建议"言语行为研究》	华中师范大学	2014	越南	李向农	语言学及应用语言学
李甲男	《汉韩主语和话题对比研究》	华中师范大学	2014	韩国	徐杰	对外汉语教学
冯金娥	《越南汉语口语教学顺序性问题研究》	华中师范大学	2014	越南	储泽祥	汉语言文字学
冯氏雪	《汉越是非问句对比研究》	华中师范大学	2014	越南	吴振国	语言学及应用语言学
法丽达·吾拉孜肯	《汉哈成语对比研究》	华中师范大学	2014	哈萨克斯坦	汪国胜	对外汉语教学
徐凤珍	《熟练越南汉语学习者的词汇表征研究》	南京师范大学	2020	越南	梁丹丹	语言学及应用语言学
柯玛丽	《斯里兰卡高校汉语教学研究——以凯拉尼亚大学为例》	南京师范大学	2015	斯里兰卡	胡建华	高等教育学
谢氏花	《现代汉越趋向补语、结果补语对比及习得研究》	南京师范大学	2015	越南	肖奚强	对外汉语教学
魏清	《汉泰称谓语比较研究》	南京师范大学	2005	泰国	董志翘	汉语言文字学
康麦	《现代汉语劝阻句研究》	上海师范大学	2022	—	曹秀玲	语言学及应用语言学
柳真	《现代汉语感叹表达研究》	上海师范大学	2020	韩国	曹秀玲	语言学及应用语言学

续附表1

主要责任者	论文题目	毕业院校	年份	国别	导师	专业
亚历山德拉	《乌克兰学生汉语趋向补语习得研究》	上海师范大学	2020	乌克兰	方绪军	语言学及应用语言学
郑新美	《汉语介词"在"与相对应的韩语格助词对比分析》	上海师范大学	2020	韩国	陈昌来	语言学及应用语言学
金任顺	《汉语形状量词与名词选择关系研究》	上海师范大学	2019	韩国	方绪军	语言学及应用语言学
程祥诗	《现代汉语间接否定类固化应答语研究》	上海师范大学	2018	越南	陈昌来	语言学及应用语言学
艾哈迈德	《现代汉语"否定词+疑问词+X"相关构式研究》	上海师范大学	2016	—	方绪军 齐沪扬	语言学及应用语言学
武兴	《现代汉语状态动词研究》	上海师范大学	2016	越南	陈昌来	语言学及应用语言
海波	《汉语礼貌表达方式的性别语言差异性调查与研究——基于英汉语言对比的视角》	上海师范大学	2015	—	陈昌来	语言学及应用语言学
黄雪霞	《现代汉语"起"、"上"组趋向范畴的认知研究——基于普通话与闽南方言》	上海师范大学	2015	新加坡	齐沪扬	语言学及应用语言学
柏寒夕	《德国汉学家甲柏连孜（Georg von der Gabelentz）〈汉文经纬〉（Chinesische Grammatik）研究》	上海师范大学	2013	德国	齐沪扬 王澧华	语言学及应用语言学
陈玉兰	《汉语、印尼语动词重叠对比研究》	上海师范大学	2007	印度尼西亚	范开泰	语言学及应用语言学
马金莲	《赴吉尔吉斯斯坦汉语教师志愿者跨文化适应研究》	上海外国语大学	2021	吉尔吉斯斯坦	张红玲	汉语国际教育
李玉洁	《面向汉语国际教学的汉泰多项定语对比研究》	上海外国语大学	2021	泰国	吴春相	汉语国际教育

续附表1

主要责任者	论文题目	毕业院校	年份	国别	导师	专业
HIKMET ABABAIKERE	《土耳其大学汉语专业文化课程教学研究》	上海外国语大学	2021	土耳其	张红玲	汉语国际教育
米苏特	《基于汉语国际教育的汉土语序类型研究》	上海外国语大学	2020	土耳其	金立鑫	汉语国际教育
阮氏兰	《越南高校汉语教学的优化研究》	西南大学	2021	越南	兰英	比较教育学
米娅	《马达加斯加高校汉语教材编写研究》	西南大学	2019	马达加斯加	兰英	比较教育学
吴平	《西双版纳傣文与伊桑经书文比较研究》	西南大学	2019	泰国	邓章应	汉语言文字学
黄华迎	《马来西亚华语词语研究》	西南大学	2014	马来西亚	张显成	汉语言文字学
武氏惠	《现代汉、越语名量词对比研究》	西南大学	2014	越南	张显成	汉语言文字学
何丽英	《泰国华侨学校汉语教学研究》	西南大学	2010	泰国	徐辉	比较教育学
何枫	《学习者幸福感及其对汉语二语习得的影响研究》	中央民族大学	2021	—	刘玉屏	国际汉语教学
海客	《多语背景下突尼斯中文教育发展研究》	中央民族大学	2021	突尼斯	刘玉屏	国际汉语教学
黄碧玉	《越南汉语能力标准构建研究》	中央民族大学	2020	越南	吴应辉	国际汉语教学
尤丽娅	《塔吉克斯坦汉语教学现状及问题研究》	中央民族大学	2019	塔吉克斯坦	吴应辉	国际汉语教学
龙威	《缅甸汉语传播对非华裔缅甸人中国形象认知影响研究》	中央民族大学	2019	缅甸	吴应辉 王祖嫘 李东伟	国家汉语教学

续附表1

主要责任者	论文题目	毕业院校	年份	国别	导师	专业
潘佳盈	《泰国汉语教育本科专业建设研究》	中央民族大学	2018	泰国	吴应辉 谷陵	国际汉语教学
吴有进	《泰国汉语传播对中国国家形象认知影响研究》	中央民族大学	2018	泰国	吴应辉	国际汉语教学
赖玲珑	《泰国学习者汉语易混淆词研究》	中央民族大学	2018	泰国	刘玉屏	国际汉语教学
曹美爱	《缅甸学生的汉语量词习得与教学研究》	中央民族大学	2017	缅甸	刘玉屏	语言学及应用语言学
刘慧妮	《马来西亚高校汉语作为二语教学法研究》	中央民族大学	2017	马来西亚	刘玉屏	国际汉语教学
林文贤	《面向泰国汉语教学的汉语同素词难度研究》	中央民族大学	2017	泰国	曾立英	国际汉语教学
洪佩慧	《泰汉复合词构词法对比研究——兼论其对二语习得的影响》	中央民族大学	2017	泰国	周国炎	语言学及应用语言学
陈灵芝	《汉语国际传播视角下的越南高校汉语教学发展研究》	中央民族大学	2016	越南	吴应辉	国际汉语教学
黄明媚	《泰国大学生汉语难点句式习得与教学研究》	中央民族大学	2016	泰国	刘玉屏	语言学及应用语言学
林佳心	《泰国学生汉语学习策略研究》	中央民族大学	2016	泰国	刘玉屏	语言学及应用语言学
陈传俊	《越南本土汉语教材研究》	中央民族大学	2016	越南	吴应辉	语言学及应用语言学
赵紫荆	《缅甸汉语教学类型及地理分布研究》	中央民族大学	2015	缅甸	吴应辉 谷陵	语言学及应用语言学
邹丽冰	《缅甸汉语传播研究》	中央民族大学	2012	缅甸	吴应辉	语言学及应用语言学

续附表1

主要责任者	论文题目	毕业院校	年份	国别	导师	专业
龙伟华	《泰国"汉语能力标准"研究》	中央民族大学	2012	泰国	吴应辉	语言学及应用语言学
李瑞文	《缅甸教育制度背景下中小学汉语课程大纲编制研究》	中央民族大学	2012	缅甸	吴应辉	语言学及应用语言学
叶俊杰	《马来西亚华文教学研究》	中央民族大学	2012	马来西亚	吴应辉	语言学及应用语言学
叶婷婷	《马来西亚高校汉语作为二语教学发展研究》	中央民族大学	2011	马来西亚	吴应辉	语言学及应用语言学
冯忠芳	《泰国中小学本土汉语教师发展的历时考察与标准研究》	中央民族大学	2011	泰国	吴应辉	语言学及应用语言学
黄金英	《缅甸小学本土化汉语教材建设探讨——基于五套汉语教材自建语料库》	中央民族大学	2011	缅甸	吴应辉	语言学及应用语言学

参 考 文 献

[1] 中外语言交流合作中心.新设专博！国际中文教育专业学位人才培养开启发展新篇章！[EB/OL].(2022-09-15)[2023-08-04].http://www.chinese.cn/page/#/pcpage/article？id=1190&page=10.

[2] 杨薇,陈媛媛,钟英华.国际中文教育相关领域博士学位论文选题及研究方法分析[J].四川师范大学学报(社会科学版),2022,49(3):138-145.

[3] 李东伟,吴应辉.国际中文教育相关专业外籍博士生人才培养研究[J].天津师范大学学报(社会科学版),2022,285(6):24-28.

[4] 刘飞.我国语文教育方向博士学位论文选题分析[J].河南科技学院学报,2022,42(4):16-22.

[5] 姜涵予.辽宁省高校汉语国际教育专业硕士论文(2014—2018)调查研究[D].沈阳:沈阳大学,2019.

[6] 王辉,沈索超.国际中文教育专业博士生培养现状及对策[J].民族教育研究,

2023,34(1):152-159.

[7]蔡莉萍.全国汉语国际教育专业硕士学位论文选题研究(2008—2018)[D].重庆:四川外国语大学,2019.

法语教育博士生的培养模式对国际中文教育专业博士人才培养的启示

张彩苹(华北理工大学)　李东伟(华北理工大学)

摘　要:作为国际中文教育高端师资队伍的储备人才,国际中文教育专业博士生的培养教育是教育领域高级人才培养的重要组成部分,对于国际中文教育的学科发展建设有着重要的引领作用。法国教育以注重实践能力培养而闻名,高等教育已进入成熟的发展阶段,专业学位质量、水平高。本文从法语教育博士生的入学申请、课程设置、导师指导、撰写学位论文和答辩等方面阐述了法语教育博士生的培养模式,探寻其对我国国际中文教育专业博士人才培养的启示。

关键词:国际中文教育;博士生;人才培养;启示

一、引言

习近平总书记在党的二十大报告中提到:"加强国际传播能力建设,全面提升国际传播效能,形成同我国综合国力和国际地位相匹配的国际话语权。深化文明交流互鉴,推动中华文化更好走向世界。"[1]国际中文教育专业的教师群体能够更好地带动中华文化的传播,促进中外文化的交流互鉴,提升中华文化的国际影响力。

文明的交流互鉴,需要中外双方秉着平等、理解和好学的态度,相互取长补短,共同进步。博士专业学位研究生的培养是国家高等教育的重要组成部分,法国的专业学位研究生教育有着悠久且成熟的发展历程[2],法国高等教育的发展已经进入了成熟阶段,曾一度被视为世界上专业学位发展质量较高的国家之一。法国的高等教育制度由国家层面来把控。因此,探究法国的博士生培养模式的优点,对提升国际中文教育学科高端人才的培养质量具有重要启示作用。

基金项目:教育部中外语言交流合作中心2020年度国际中文教育研究课题"汉语国际教育博士(留学生)培养现状与优化方案研究"(20YH20C)。

二、法国法语教育专业学位博士生的培养模式

(一)法语教育专业学位博士生的入学申请

在法国,博士是现行教育制度中的最高学历,目前法国的高等教育实行"LMD"(Licence-Master-Doctorat)学制,即至少需要8年的时间才能获得最高学历。学生在申请注册大学之后,通过3年的努力学习来获得学士学位,用2年的学习来获得硕士学位,硕士顺利毕业后可再学习3年来攻读博士学位。

法国的博士生入学主要采取申请考核制,所有具备硕士学历的学生都可以申请注册博士阶段教育,申请人可以通过3种方式来申请:一是直接从学校官网获取联系方式,直接联系博士生院;二是直接向高等教育署提交攻读博士生的申请;三是直接通过邮件的方式和博士生导师联系。一般情况下,大部分申请人都是通过和博士生导师联系来申请博士学位的,申请人需要将所获学位证书、所获学分情况、博士论文的选题、攻读博士期间的研究计划书投递给所申请的博士生导师,导师对申请人所提交的材料进行初步的评价后,还需要对申请人进行面试。导师通过面试更加全面地了解申请人的教育背景、基本素质、研究水平、个人能力和经费背景等。导师在整个招生的环节拥有较大的话语权,会更加注重学生的跨学科背景、实践能力和创新能力等。如果申请人在硕士阶段同时拥有专硕和研硕两种学科背景,且撰写的研究计划书体现出自身较强的学术科研能力,则更容易获得导师的青睐。导师会综合考虑申请人的书面材料和面试情况,根据自己的研究方向和课题需要来挑选人才。在获得导师的同意后,申请人还需要面对学校的考核。法国的综合大学会派校方代表和相关专业的教授,组成一个评审团,对已通过导师评测的申请人进行考核,考察其专业能力和研究能力,只有通过导师和学校的考核,申请人才能进入博士学习阶段。

有的大学将法语教育专业设在文学院之下,也有的在理学院之中,法语教育专业博士兼具文科和理科的特点。有的博士生与其培养单位签了合同,他们成功申请入学后,在读期间的薪资和科研经费由相关企业机构或者政府组织来支付,也有自费的博士生,需要自己支付在校的一切费用,一般人文社会学科的自费生占比居多。

(二)法语教育专业学位博士生的培养方式

1. 课程设置

法国博士生在第一学年的课程安排较为密集,课程主要分为公共基础课程和专业必修课程,公共基础课程的数量多于专业必修课程。在专业必修课程中会设

置理论课和技能课,这些课程的内容紧跟学科的最新热点。像法语教育这样具有跨学科背景的专业,必修课程中会将学科的相关行业热点项目,包括教师本人在该领域的最新研究成果,在课程学习材料中体现出来。课堂中一般不配备对应的教材,学生一般以上课所记下的课堂笔记为学习材料,因此教师在课堂中会大量输出知识。根据学科领域来划分,隶属于某一学科大类的若干专业会开设相同的公共基础课程,因此具有交叉学科性质的专业学位博士生,需要修更多的公共基础课程的学分,例如,心理学需修伦理道德、数据库处理、计算机科学等课程。学习这些公共基础课程,一方面是为今后的专业研究打下坚实的理论基础,另一方面是让学生了解数据处理、信息检索、资源利用等现代网络技术。如果学生有其他学习需求,在每年年初学校会在官网上提供一个课程名单,学生可以自主选择感兴趣的课程进行学习,这些课程一般以研讨会的形式开展,且不设置考试。

2. 导师指导

笔者调查发现,无论是法国的勃艮第大学、索邦大学,还是巴黎-萨克雷大学,博士生院都会控制导师所带的博士生数量,每位导师最多只能同时指导 5 名学生。在博士生的培养过程中,博士生导师需要为每名学生的学术论文、答辩、在读期间的学习等提供个性化的学术指导。导师同时也会要求博士生遵守国家和大学层面所制定的安全规范,避免其在读期间发生安全事故或者其他暴力事件等。[3]

笔者访谈了两名曾在法国读博的博士毕业生,一名是来自法国索邦大学的法语教育专业学位博士生,她在访谈中表示:"我们导师每两周开一次 seminaire,他所负责指导的研究生可以去参加,但是他会提前公布主题,如果与我的研究内容不相关,我没必要去,这期间我也不需要请假。我需要指导的时候,会与导师约定时间。"另一名是来自法国勃艮第大学的博士生,其在受访时谈道:"导师会尊重年轻人的想法,遵循其研究前景或者工作需要。学生每两周或者每个月和导师见一次面,共同探讨近期所阅读的书籍。"可见在法国,导师对博士生的学术指导时间安排较为自由,学生的自主权较大。

3. 撰写学位论文和答辩

在法国,博士毕业论文是博士生在读期间的科研能力、理论知识水平、创新能力、表达能力、应用能力等方面的综合体现,无论是导师、博士生院,还是国家,都会对博士生论文的质量给予高度的关注,且有着严格的审查要求。社会科学类的论文一般要求在 400 页左右,导师会指导博士生确定博士学位论文的选题,并在博士生进行论文写作的过程中给予帮助。博士生院每年都会有很多学术研讨会,博士生院的工作人员会提前发布研讨会主题,博士生可以根据自己的学习需求,自主地选择去参加需要的讲座。同时,博士生也可以自行开展学术报告会或者发表相关的文章,对未来的毕业论文进行宣传,提高自身毕业论文的影响力,这些工作的开展都可以获得博士生院的相关指导和帮助。国家层面也会对博士生的毕业论文提供帮助,博士生的答辩信息需要在全国公开,其他人可以自由选取感兴趣的答辩对象,了解其答辩过程,增长相关的学术知识,获得所学领域的学科热点信息。

法国博士生的毕业论文必须有较高的质量,需要体现"专"和"新",即论文需要体现出专业性和创新性。这需要博士生在读期间制订详细的规划,并能持续地实施计划,推进进度。为了达到创新性的要求,法语教育博士生大都需要进行实证研究,通过实地考察来获取论文所需材料。博士生在第一年,先针对论文的主题开展实地调查,收集毕业论文所需要的语料和实证材料。博士生最迟必须在二年级的时候便开始论文的撰写工作,写作期间如果需要更换选题或者论文的进度有变,博士生需要和导师联系并说明原因。

为了继续探究法语教育博士生学位论文的质量保障程度,笔者采访了两名在法国知名大学就读法语教育专业的博士生,通过她们的回答来证实法国高校对学生的实践能力的重视和对学位论文有着严格的审查制度。访谈对象的基本情况见表1。

表 1　访谈对象的基本情况

姓名	性别	院校	专业	访谈内容
金丽花(中国延边)	女	索邦大学	法语教育专业	见访谈①
Valentina Hohota (罗马尼亚)	女	勃艮第大学	法语教育专业	见访谈②

访谈实录如下。

访谈①:

采访者张彩苹:在索邦大学读博期间,您认为遇到的最大的困难是什么?

受访者金丽花:我的硕士学位也是在法国攻读的,因为有研硕和专硕这样的背景,因此我的读博申请比较顺利。硕士答辩后,当年5月份我就开始联系博士生导师,8月末就找到了。在正式读博后,除了沉浸于学习,还有各种论文和答辩要完成。在撰写毕业论文期间,每年会有一个小答辩和中期答辩等,填写报告,汇报已完成的内容,进展情况要向自己的导师和本专业的其他博士生导师汇报,让他们审核我是否可以注册下一年的学习,在这个过程中也可以向他们反映我遇到的困难。"

访谈②：

采访者张彩苹：Madame, les docteurs en France, sont-ils souvent stressés pendant leurs études? Qu'est-ce qui leur semble le plus difficile? （翻译：女士，在您读博期间，您是否感到压力很大呢？您认为最困难的部分是什么？）

受访者 Valentina Hohota：Oui, le stress existe peu importe la nature des études. Toutefois, une thèse nécessitant un travail de terrain et non financée constituera une sourse de stress plus importante qu'une thèse dont le corpus peut être construit sans déplacement et qui est aussi financée. Le plus difficile est la rédaction de la thèse car c'est l'étape où le doctotant remet en question un peu tout : le plan de la thèse, ses compétences, sa vision quant au sujet. （翻译：是的，我经常感到压力很大，即使这是一个以理论研究为主的论文。然而，比起其他类型的论文，需要实地考察和未获资助构成了更大的压力源，因为其他类型的论文可以建立语料库，受到资助。最大的困难是论文的写作，因为在这个阶段，论文和学生本人都会受到各种质疑，包括整个论文的计划、学生的能力、学生对这个话题的看法等。）

在法国，为了保障专业型博士生的论文质量，博士学位论文被硬性要求应该具有前沿性或创新性的特点，且选题应该具有学术研究的可持续性，专业学位论文应具有一定的应用价值。通过两名博士生的回答我们发现，法国高校对于博士生的学位论文的要求着重体现为两点：一是在论文撰写期间要进行各种阶段性答辩，借此来督促博士生的论文进度和保障质量；二是在论文的质量要求上，对创新性的考察占比较大，这就使得学生主动去进行社会实践活动来积累论文所需的素材。

索邦大学的博士生，在读期间每年年末都会有一个答辩，即针对毕业论文的撰写情况进行答辩。在答辩之前，博士生需要填写相关的报告，将论文完成的内容、最新进展及未来的计划等发给自己的博士生导师和本专业的其他博士生导师。每年的答辩由这些博士生导师组成评审团，共同审核学生的论文进度和质量是否可以注册下一年的学习，如果评审团认为学生的论文进度慢或者选题、质量等方面存在问题，则学生需要留级一年。在最终的毕业论文答辩前，博士生需要事先和导师协商，经过导师的同意才可以开始组织答辩。答辩的博士生需要自行找到正式答辩会上的召集员和评审员。答辩需要有一名召集员和几名评审员。召集员一般由学校内的教授担任，对于博士生而言，他是除了自己的导师之外的第二负责人。一般召集员对学生的毕业论文进行考核后，该生才能将毕业论文带到答辩会上，在答辩会上由召集员来主持答辩的流程。答辩会上的评审员们是博士生和导师两人经过深思熟虑所选择的该专业领域的专家，评审员可以是外校教师,也可以是外国的同行专家,只要博士生院对其职业进行考察后,对其职称给予认可,其就可以担任本次答辩会的评审员。

三、法语教育专业学位博士生的培养模式对国际中文教育专业博士生培养的启示

2018年,教育部批准相关院校的汉语国际教育专业博士学位开始招生。2022年,"汉语国际教育"专业正式更名为"国际中文教育"专业,并独立设置国际中文教育专业学位,可授予博士学位,这为国际中文教育这一学科的发展带来了重大的机遇。然而,这也对学科内各个维度的人员提出了新的挑战。国际中文教育专业博士生的培养是学科建设的重要组成部分,可以借鉴他国语言教学类博士生的培养模式,博他人之长。

(一)扩大国际中文教育专业博士生的规模,拓展读博渠道

目前国内设置国际中文教育专业博士点的高校正在逐渐增加,2020年,国务院学位委员会、教育部印发的《专业学位研究生教育发展方案(2020—2025)》中曾提出要大幅增加专业博士的招生数量,进一步创新博士专业学位研究生的培养模式。[4]李东伟、吴应辉(2022)曾在文章中指出,截止到2020年,全国有33所高校具备外籍博士生的招生资质,然而对其进行实地调研后获知,仅有21所高校招收了外籍博士生。[5]国内高校在招收国际中文教育专业的博士生时,其招生要求中对申请人的学术水平和实践要求较高,除了对申请人自身的能力有要求外,还要求申请人有3~5年的教育及相关领域的工作经历,且在读期间需要脱产就读,这让许多刚毕业的国际中文教育专业的硕士生和有家室的硕士生望而却步。以《首都师范大学2023年汉语国际教育领域教育博士专业学位研究生招生简章》中的报考条件为例,硕士生需要具备3年及以上教育及相关领域全职教育教学工作的经历,且有着良好的人文素养和扎实的中国语言文化基础。

虽然高校的招生要求考虑到了生源的质量等,但是国际中文教育专业博士生的招生方式较为单一。从学科建设的角度出发,可以提供博士生线上申请课程等方式,让更多的人才能够加入学科建设的队伍。对于不同类型的博士生相应地设置不同的学业要求,例如,自费生无须达到有培养单位的博士生一样的学习要求和教学任务要求,这样学习的压力会减少。

(二)提高学位论文的专业性和创新性,体现应用价值

王辉、沈索超(2023)曾调查发现,国际中文教育专业博士生的论文五分之一左右的选题是关于理论研究的,十分之一左右的选题是关于语言本体研究的。[6]

这样的选题倾向容易与汉语言文学、语言学、教育学等学术型博士生的论文选题趋同,且难以满足国际中文教育专业对实践性的要求,会导致在论文外审和答辩等环节遇到问题。杨薇、陈媛媛、钟英华(2022)对国际中文教育相关领域博士学位论文选题进行分析,发现中国学生的选题主要集中在中文作为第二语言教学的习得研究、本体研究和教学研究等方面,选题内容较为集中;而国际学生的选题则更倾向于语言对比研究,更多的是针对所在国的语言和汉语的对比或者将中外的教育模式等内容进行对比,选题的范围相对狭窄。[7]可见目前国际中文教育专业博士生的学位论文选题整体上还不成熟,未能体现出国际中文教育的专业性和创新性。

国际中文教育专业博士生攻读的是应用型学位,需要在读期间进行具有实践价值的研究。学位论文是国际中文教育专业博士生重要的科研成果,因此从论文的选题、材料的汇总收集、研究的方法等方面都应该体现出一定的应用价值,在选题的思路上需要不断地拓展创新。本文所采访的勃艮第大学的法语教育专业博士 Valentina Hohota,她的博士学位论文选题是关于监狱语言的对比研究。她花了大量时间到监狱进行实地考察,收集了法国和罗马尼亚囚犯的证词,通过语言对比来讨论他们的身份,为法语语言教学开拓了新的研究领域。因此我们建议,具有多元化学科背景,且实践性要求高的国际中文教育专业博士生的论文,应该不断打开格局,从传统的汉语理论探究向"汉语+职业技能"转型,选题不应拘泥于语言本体和习得研究,可以尝试将语言教学同其他行业相结合,体现出创新性。论文研究对象的选择应具有多元性,大胆创新,博士生应到相关行业进行实地考察和学术研究,开拓学科研究的涉猎范围,体现出专业型人才的应用价值,提高国际中文教育的语言服务能力。

(三)改善课程设置体系,体现学科交叉融合性质

国内高校大都将语言本体研究领域或者语言教学研究领域的学科设置在文学院、外国语学院或者汉学院之下,人文社会性的学术氛围浓厚。国际中文教育专业博士生在读期间的课程主要包括4个模块:公共基础课程;教育理论课程;教育研究方法课程;教学实践与研究。4个模块的课程学分加起来应该不少于24学分,其中公共基础课程模块不少于4学分,教育理论课程模块不少于8学分,教育研究方法课程模块不少于8学分,教学实践与研究课程模块不少于4学分。笔者对这些高校的国际中文教育专业博士的课程设置进行调查后发现,在各大高校的培养方案中,以实地教学实践为主的教学实践与研究课程模块的学分基本是4学分,要求博士生到孔子学院或者相关的国际岗位等进行为期一年及以上的教学或者管理实践;各大高校都注重对教育理论课程模块的学习,其中在首都师范大学

的培养方案中,教育理论课程模块占了 10 学分;对于教育研究方法课程模块各大高校各有侧重,主要集中在 6 学分和 8 学分;在公共基础课程的设置上,主要是选择以思政教育为目的的政治类课程和以英语为主的外语课程。

国际中文教育作为有多元化学科背景的专业,课程学习的内容不应该局限于语言本体知识,也需要融入自然科学的研究成果和研究方法。例如,法国高校将语言学科设置在理学院之下,让接受语言教育的学生能够更加便利地了解自然科学类学科的研究热点。课程的设置应体现多元化,可从培养博士生掌握教学管理、数据收集、资源利用等能力出发来设置课程,例如,计算机语言学、语言数据库建设等课程。索邦大学的法语教育专业博士生的公共课课程包括伦理道德、数据库处理、计算机科学、信息检索等内容,学生可在每年年初登录学校官网自主选择感兴趣的课程进行学习。国际中文教育作为实践性和应用性强的学科,其课程设置应该考虑文理结合,注重汇聚人文学科、社会科学和自然科学等领域的前沿成果,融合运用,通过不同学科的知识碰撞,争取创新研究方法、教学技巧等,提高语言教学效率。

(四)提升学术传播力度和学术自由度

无论是中国还是法国,对博士生论文都有着较高的要求,各个阶段的论文答辩都是严肃而庄重的,对于学生而言是极大的考验。中国的国际中文教育专业博士的学位论文是在导师的指导下完成的,论文答辩有预答辩、中期答辩和毕业答辩等环节,答辩的信息一般在各高校的官网上公布。参与和观看答辩的都是与答辩相关的人员或者同专业同门的低年级的学生,一般不邀请其他专业的人员参与其中。然而,法国的博士生答辩信息是全国公开的,答辩人可以自行邀请其他人参加,对此次答辩感兴趣的人,也可以在学校的官网上查阅到本次答辩的时间和地点,以听众的身份到现场参与答辩。在这样信息公开的环境中,学术传播的范围广,宣传的力度大,学术探讨的自由度高,相关专业的学生可以自由选取感兴趣的选题或答辩对象,了解其他博士生的答辩过程,借此对答辩的流程有所了解,并增长相关的学术知识,获得所学领域的学科热点信息。中国的答辩制度可以借鉴这样的做法,发表相关的答辩信息,让更多的人了解国际中文教育这一学科的前沿成果,在进行学术讨论的同时,汇集不同学科人才的想法,集思广益,拓展学科的涉猎范围,获得学术创新的机会。

四、结语

相较于法国法语教育专业学位博士生的招生现状和培养方式,我国的国际中文教育专业博士生的培养模式存在课程设置较为单一、学位论文选题方向较为集中和学术传播力度不足等问题。本文借鉴法语教育专业学位博士生的培养模式的优点,对我国国际中文教育专业博士生的培养方式提出了建议,以供参考。

虽然目前国际中文教育专业博士生的培养尚处于起步阶段,理论热点研究和实践创新项目还未成熟,但是国内的学术氛围浓厚,大量地吸收最新学术和科研成果,运用到汉语作为第二语言习得的领域。国内语言教学领域的科研团队凝聚力高,有部分博士生在毕业之后仍然专注于本学科的研究,继续留任于导师的课题组,接受导师对其进行的"后博士"培养,继续进行研究,获取学科的前沿热点知识。课题组成员之间的互动高效且紧密,这是我国博士生培养模式的巨大优势,值得继续保持并发扬。国际中文教育作为一门新兴交叉学科,在发展过程中,借鉴古今中外相关学科的发展经验,整体发展势头足、进步速度快,未来将不断取优去糟,学科队伍将不断壮大。

参 考 文 献

[1] 习近平. 高举中国特色社会主义伟大旗帜 为全面建设社会主义现代化国家而团结奋斗[N]. 人民日报,2022-10-26(1).

[2] 张飞龙,马永红,萨日娜. 专业学位研究生教育高质量发展的特征:来自法国发展历史的经验[J]. 研究生教育研究,2023(2):90-97.

[3] 张惠,刘宝存. 法国建设世界一流大学的战略及实践:以巴黎-萨克雷大学为例[J]. 清华大学教育研究,2015,36(6):23-31.

[4] 国务院学位委员会,教育部. 国务院学位委员会 教育部关于印发《专业学位研究生教育发展方案(2020—2025)》的通知[J]. 中华人民共和国教育部公报,2020(11):29-34.

[5] 李东伟,吴应辉. 国际中文教育相关专业外籍博士生人才培养研究[J]. 天津师范大学学报(社会科学版),2022,285(6):24-28.

[6] 王辉,沈索超. 国际中文教育专业博士生培养现状及对策[J]. 民族教育研究,2023,34(1):152-159.

[7] 杨薇,陈媛媛,钟英华. 国际中文教育相关领域博士学位论文选题及研究方法分析[J]. 四川师范大学学报(社会科学版),2022,49(3):138-145.

中美教育博士人才培养对国际中文教育博士的启示

宋子琪(华北理工大学)　李东伟(华北理工大学)

摘　要:2018年国务院批设汉语国际教育方向的专业博士,标志着汉语国际教育专业博士的产生。截至今日,虽已经发展了几年之久,但仍然处于发展的初级阶段,存在一些不足之处。教育博士比国际中文教育博士有着较长的发展历史,本文通过对中国和美国教育博士培养模式的研究,分析出有益于国际中文教育博士发展的可借鉴之处,比如,导师指导和集体培养相结合、培养学生的跨学科思维、课程设置强调实践性等。

关键词:教育博士;国际中文教育博士;培养模式

一、中国教育博士的培养

(一)中国教育博士的发展历程

教育博士是专业博士学位,教育博士不仅要求具有专业知识,还要具有实践的能力、研究问题的能力、解决问题的能力。1977年,《学位与研究生教育》杂志发表了第一篇讨论教育博士培养的文章,标志着我国开始了教育博士培养的研究。随着中国经济的不断发展,人才的需求不断增加,同时也对人才的素质提出了更高的要求。在教育领域,以教育学博士为主的学术性结构体系越来越难以适应个人和市场的需要,社会越来越需要具有实践能力和创新精神的人才。在这种情况下,对教育领域进行改革显得尤为重要。通过国务院学位委员会审议,2009年将北京大学、清华大学、北京师范大学、东北师范大学、南京大学在内的15所高校确立为教育博士专业学位教育试点单位,2010年正式开始招生。2018年扩大招生高校,新增包括首都师范大学、天津师范大学、河北师范大学、辽宁师范大学

基金项目:教育部中外语言交流合作中心2020年度国际中文教育研究课题"汉语国际教育博士(留学生)培养现状与优化方案研究"(20YH20C)。

等在内的12所教育博士专业学位授权点。2021年新增杭州师范大学为教育博士专业学位授权点。我们可以看出我国教育博士培养按照先试点后逐步发展的原则,招生的专业主要为:课程与教学、教学领导与管理、学生发展与教育。随着我国教育博士专业的不断发展,为了满足学生和社会的需要,教育博士专业的研究方向也不断向外扩展,比如,随着社会发展的需要设立了"汉语国际教育"方向。

(二) 中国教育博士的培养模式

中国教育博士的培养相对于国际中文教育来说相对早一些。教育博士专业的发展非常迅速,专业化趋势明显,国际化程度不断提高,注重理论和实践的结合,旨在培养能够为国家和社会做出贡献的高级人才。总之,中国教育博士专业的发展具有亮点,这是国际中文教育可以借鉴的。

北京大学和东北师范大学是最早一批进行教育博士招生培养的高校,在教育博士培养和发展上都是比较有经验的,因此本文以这两所大学的培养方案为研究对象,以获得有利于国际中文教育发展的一些经验。

北京大学的培养目标是造就教育教学和教育管理领域的复合型人才和职业型的高级专门人才。招收的对象要有扎实的专业教育知识和教育理论,而且还要具有开展相关教育实践活动的能力。招收的对象要求是硕士,而且要有5年以上的教学经历或者为学校的管理人员。教育博士专业学位设置"教育领导与管理""学校课程与教学""学生发展与教育"3个专业方向。采用学分制和弹性学制,基本为4年,而且在校学习和实践累计不少于一年。教育博士的导师方面,主要采用导师指导和集体培养相结合的培养方式。课程的设置和教学主要突出专业性和实践性,研修的学分不少于20学分,开设的课程包括以下几个方面:公共课模块(不少于4学分)、教育理论模块(不少于6学分)、教育研究方法模块(不少于4学分)、教育实务和实践研究模块(不少于6学分)。课程学习阶段结束后,考查学生是否具有论文写作的能力。教育博士的毕业论文注重的是综合运用理论知识解决教育过程中的实践问题,注重实践意义。

东北师范大学同样也需要学生有扎实的理论素养,并能运用科学的方法来解决教育实践中的一些问题。培养方式为脱产集中学习与分散自主学习相结合,教育博士在校不得少于一年,分散自主学习阶段要和导师保持密切的联系。培养过程包括课程学习、中期考核、学术交流与报告、论文研究等环节。东北师范大学教育博士培养采取导师负责和集体培养相结合的方式。开设的课程都需要进行考核,60分以上为合格。学位论文的要求为结合相关理论解决教育过程中的实践问题,注重研究成果的实践意义与理论价值。

二、美国教育博士的培养

(一)美国教育博士的发展历程

1920年,哈佛大学最先确立教育博士作为专业学位的一种类型。之后各高校纷纷仿效,教育博士迅速发展。1922年哈哥提在《哈佛大学教育学院》中说:"哈佛教育学院的目的不是提供普通教育而是培训工作者。它所追求的重要知识不是一般性的综合知识,而是针对特定需要的特殊而有限的知识。它的目标是让那些有确定职业的人们获得特定的专业技术。"[1]这段话表明哈佛大学的教育博士并不是培养学术人才,而是培养专业型人才。哈佛大学教育博士的培养目标主要是培养教育实践的工作者,发展教育技能。2007年,美国提出"卡内基教育博士计划",主要是进行教育博士改革。改革的内容主要包括以下几个方面:改革教育学院的组织结构,让教育博士发挥实践性和专业性的特点,改革表明教育博士培养将理论学习和实践相结合的特点,这是区别于教育学博士的重要特点。[2]

(二)美国教育博士的培养模式

美国教育博士的培养开始得最早,哈佛大学关于教育博士的早期的教育目标不是为了理论研究,而是为了满足社会对人才的岗位需要,是为了培养专门的教育管理人才和教学方面的领导者。其后各高校纷纷仿效,如加州大学伯克利分校、哥伦比亚大学、斯坦福大学分别于1921年、1924年、1929年成立了教育学院。随着社会的不断进步,对于教育博士的需求也逐渐增加,美国教育博士专业也迅速发展起来。

本文以哈佛大学为例,探讨哈佛大学的教育博士培养模式。哈佛大学的教育博士培养模式是非常独特和成熟的,主要体现在以下几个方面:哈佛大学的教育博士课程旨在培养一批全面发展和具备跨学科思维的教育人才。因此,课程设置涉及多个方面,打破学科界限,而且课程设置呈现出个性化与实践性。2010年,哈佛大学设立教育领导博士学位,要求教育领导博士要在3年内完成全日制学习,第一年采用案例分析、在线学习、实地工作等方式进行学习,特点主要是认识和改造教育部门等。第二年培养学生的跨学科思维,主要通过选修课来实现;还要和导师进行合作,设计出个性化的学习方案,使学习更加个性化和专业化。第三年安排教育博士进行实践。

哈佛大学教育博士培养模式的特点。

(1)允许学生根据自身兴趣和需要进行选修,强调实践性。哈佛大学的教育博士课程非常注重实践性,特别是在课程的后半段,会有大量的实践方案设计等工作,以帮助学生将理论知识与实践结合起来。

（2）学习方式灵活多样。哈佛大学的教育博士课程采用学习小组、研究项目、课堂讨论等多种方式,学生根据自身的学习风格和需要,选择适合自己的学习方式,以达到更好的学习效果。

（3）师资力量雄厚。哈佛大学的教育博士课程拥有一支实力雄厚的师资队伍,这些教授和研究员在教育专业和多个学科的研究领域都有很深的造诣,能够为学生提供丰富的课程内容。

（4）强调创新和实用价值。哈佛大学的教育博士课程十分注重学生的创新能力和实际应用能力培养。因此,在课程设计和论文写作等方面,鼓励学生以新颖的视角去思考问题,提出独特的见解和解决方案。

近年来,一种新的教育博士培养模式在美国等国家逐步流行起来,即在线教育博士,这种培养方式主要是利用线上教学方式,提高学生的专业水平和实践能力。[3]这里以约翰斯·霍普金斯大学教育学院为例,2012年约翰斯·霍普金斯大学招收了第一批在线教育博士。设立在线教育博士的目的是培养人才,约翰斯·霍普金斯大学对在线教育博士的招生要求非常严格,主要包括必须为硕士学位,学分不得少于36分,本科或研究生各科成绩的平均积分点不能低于3;要具备数理统计能力;需要3封由推荐人亲笔签名的推荐信;在课程设置方面,要在3年内完成十几门课程;教学主要是通过线上进行,而且分为同步教学和非同步教学,同步教学是利用网络模拟真实的上课场景,非同步教学主要是观看教师已经准备好的课堂内容,学生自己安排时间学习。

为了保证师生之间的有效交流,在特定的时间举行为期3天的实践活动,师生针对一些问题进行讨论。约翰斯·霍普金斯大学的在线教育博士培养还需要执行保荐人,其跟学校签署合作协议,成为和导师一起指导在线教育博士生的特殊人员,主要职责是协助学生学习,激发学生的学习动机,指导学生论文的选题等。执行保荐人在在线教育博士培养中发挥着重要的作用,成为其完成学业的重要影响因素。[4]

三、中美教育博士人才培养对国际中文教育博士培养的启示

（一）国际中文教育博士的培养现状

随着中国在全球的影响力不断提升,越来越多的人希望学习中文,这也促进了国际中文教育的不断发展,对人才的需求也不断增加。为了补足高端专业人才培养的短板,在大量需求国际中文教育人才的背景下,根据汉硕专业人才培养和学科建设的相关成果,借鉴"新汉学计划"等中外博士研究生的培养方案,2018年

教育博士专业学位在"学校课程与教学领域"下增设了"汉语国际教育"方向,教育部批准相关院校开始试点招生[5],包括北京大学、东北师范大学、华中师范大学等在内的7所高校。2019年,教育博士专业学位增加汉语国际教育领域,标志着汉语国际教育从"方向"到"领域"的转变,这是汉语国际教育专业的一个突破,扩大了招生规模,招生院校也增设到了21所。2022年,国务院学位委员会和教育部面向社会发布《研究生教育学科专业目录(2022年)》,2023年正式实施。原"汉语国际教育"专业更名为"国际中文教育",2022年独立设置"国际中文教育"专业学位类别,可以授予博士专业学位,标志着国际中文教育专业迈出了坚实的一步,也标志着国际中文教育本科、硕士、博士贯通培养体系的正式形成。[5]

教育博士的出现是时代的选择,时代的进步为教育博士的发展提供了新的机遇。教育博士响应社会对人才的需求,满足了当前教育变革对具备实践能力和创新精神的人才的需要。随着我国软实力和文化影响力的不断提升,越来越多的外国学习者开始学习汉语,开展汉语教学更加重视的是对外汉语教师的学术能力和实践能力的结合,尤其是实践能力,显得更为重要。

学习汉语的人越来越多,国际中文教育迎来了巨大的发展机遇,想要把握好这一机遇,就要培养出高素质的人才。目前国际中文教育专业正处于发展的初级阶段,培养的人才数量和质量还不能完全满足社会实际需要,因此,要保质保量地培养人才,让人才走出去,更好地承担起国际中文教师的职责。因此培养优秀的国际中文教育博士是非常有必要的。

国际中文教育博士培养属于教育博士培养的一部分,我们通过分析教育博士的培养经验,为国际中文教育博士培养提供一些启示。

(二)教育博士培养对国际中文教育博士培养的启示

1. 导师指导和集体培养相结合

国际中文教育博士培养过程中,导师指导和集体培养相结合是非常重要的。加强导师指导和集体培养相结合,可以确保国际中文教育博士在个人能力、学科素养和研究能力等方面均衡发展,更好地适应未来国际中文教育的挑战。

导师是博士生学习和科研的指导者和负责人,应该为博士生提供指导和资源支持,负责博士生的学术和生活指导,及时解决博士生的困难,确保博士生能安心学习、创新研究和提高素质。集体培养是指除了主导师之外,还有副导师辅助博士生学习,主、副导师共同参与学术研究和课程设计。高校应加强集体培养,鼓励博士生创新思维、协同学习和实践,对学生的学术研究能力、综合能力等进行评估。在国际教育博士培养过程中,导师指导和集体培养相结合,是学生全面发展的重要保障,学生可以更加深入地了解国际中文教育领域的前沿研究成果。导师要关注博士生的需求,帮助学生全面提高学术水平、个人素质,同时也要通过不断完善教育博士的培养体系,追求更高层次的培养目标。

2. 培养学生的跨学科思维

培养国际中文教育博士的跨学科思维,目的是让学生具备广阔的知识视野,能够把中文教育与其他学科进行有机融合,提高整体素质。教师应引导学生深入了解教育学科和中文学科的基础理论和研究方法,了解国际中文教育面临的趋势和挑战,培养对中文教育的反思能力;创造跨学科的教学环境,让学生在多元化的学科氛围中学习,例如,设置融合理论与实践的论坛课程,邀请不同学科领域的专家进行讨论交流;鼓励跨学科合作研究,加强不同领域的合作,推进中文教育与其他学科的研究和实践;例如,中文教育可以和互联网技术、心理学等不断加强融合,形成中文教育的跨界融合。

3. 课程设置强调实践性

在国际中文教育博士的培养过程中,课程设置应强调实践性。学生需要在课程学习中将学到的理论知识应用到实际中文教育场景中,以充分掌握中文教育相关的实践技能和方法。

事实上,国际中文教育博士的培养过程应该注重学术性和实践性的结合,尤其要强调实践性。学生需要具备深厚的理论功底,以便更好地理解中文教育领域的最新进展和研究成果。此外,还需要学习各种研究方法,以便开展专业研究和评估中文教育的实践效果。在国际中文教育博士的培养过程中,博士生需参与真实的中文教育活动,包括实地教学和网络教学,在实践中领会教学技巧和方法,培养教育创新思维。这些实践成果将帮助学生未来更好地应对教学领域的变化,为将来从事中文教育打下坚实的基础。

四、总结

综上所述,随着我国软实力和文化影响力的不断提升,越来越多的外国学习者想要学习汉语,这推动了国际中文教育事业的发展,要求我们培养出更多高端人才服务于国际中文教育。本文根据中国和美国教育博士的培养模式总结了一些比较好的经验,为国际中文教育的发展提供了思路。比如,在国际中文教育博士的培养过程中可以多位导师合作,导师指导和集体培养相结合,培养学生的跨学科思维,课程设置强调实践性等。

参 考 文 献

[1]褚艾晶."教育博士"培养的合法性危机:基于美国现实面临的问题与挑战

[J].复旦教育论坛,2008(3):70-74.
[2]唐磊岩.美国教育博士培养路径研究[D].哈尔滨:黑龙江大学,2016.
[3]阮桂红.美国在线教育博士培养模式研究[D].新乡:河南师范大学,2020.
[4]徐魁鸿.美国在线教育博士的培养模式及思考:以约翰霍普金斯大学为例[J].高教探索,2017(10):79-84.
[5]王辉,沈索超.国际中文教育专业博士生培养现状及对策[J].民族教育研究,2023,34(1):152-159.

区域国别视角下俄语教育博士对国际中文教育专业博士培养的启示

张晓帆(华北理工大学)　张钰祚(华北理工大学)

摘　要:近年来,全球范围内不同国家和地区的高等教育逐渐走上国际化发展的道路。其中,博士教育作为高等教育的最高层次,其国际化程度对于提高高等教育的质量和推动社会发展均具有重要的作用。本文旨在从区域国别视角出发,探讨俄语教育博士对国际中文教育专业博士培养的启示。对俄罗斯教育制度的研究发现,其博士教育模式紧密结合俄罗斯的历史、文化,有着独特的优势和特色,对于国际中文教育专业博士培养具有一定的借鉴意义。本文首先介绍了区域国别视角下中、俄高等教育领域的特征。其次对俄语教育博士和国际中文教育专业博士培养现状进行概述。最后总结俄语教育博士培养对国际中文教育专业博士培养的启示,主要包括优化人才培养模式、跨学科交叉融合、引入新型教学技术、理论与实践相结合4个方面,以期为国际中文教育专业博士培养提供一定的理论和实践指导。

关键词:区域国别视角;国际中文教育;俄语教育博士;博士培养启示

一、引言

习近平总书记在中国共产党第二十次全国代表大会上的报告中强调,我们要"紧跟时代步伐,顺应实践发展""不断拓展认识的广度和深度""功以才成,业由才广""加强人才国际交流,用好用活各类人才"[1]。随着中国经济的高质量发展以及与其他国家的交流不断加深,对具有较高学术水平、深入了解中国文化和汉语言规律的专业人才,以及满足国际社会的中文人才的需求日益攀升。因此,加强对国际中文教育专业博士人才的培养已经成为当前国际中文教育发展的重要趋势之一。国际中文教育专业博士未来可以成为高校中文教育专业的教师,传授

基金项目:教育部中外语言交流合作中心2020年度国际中文教育研究课题"汉语国际教育博士(留学生)培养现状与优化方案研究"(20YH20C)。

中文知识和中国文化,提高中文教育的质量和水平。这不仅可以为更多人提供优质的中文学习机会,也可以提高中国在国际教育领域的话语权和影响力。

俄罗斯作为欧洲和亚洲交界处的重要国家,其教育制度及俄语教育在国际上具有较高的知名度。本文旨在从区域国别视角出发,对俄罗斯的教育制度进行研究,分析俄语教育博士的培养策略,为国际中文教育专业博士培养提供一些有价值的启示和参考。具体来说,本文通过比较分析中、俄两国教育制度的异同,将相关有益的经验应用于国际中文教育专业博士人才培养中,以期提高国际中文教育专业博士培养的精度和深度。

二、区域国别视角下中、俄高等教育领域的特征

(一)区域国别研究的特点及应用领域

区域国别研究是一种以地理位置、文化、历史、语言等为基础的,带有跨学科性质的研究方法,其最主要的特点在于强调对特定地理位置、社会文化、历史背景和语言背景等因素的深度研究。尽管区域国别研究主要是一国对外部世界的观察,但也具有互动的特征,"对他者的了解,也会促进他者对自己的了解,即具备有助于自身了解外部世界和促进外部世界了解自己的双重功能"[2]。区域国别研究的应用领域广泛,主要涉及以下方面:第一,国际关系方面。区域国别研究可以为各国政府、机构、企业等提供该区域内有关国家的信息,帮助其制定对外政策和商业战略。第二,经济方面。区域国别研究可以分析该区域内的经济现状和发展趋势,为企业投资和贸易提供依据,同时还可以为相关政策的制定和调整提供参考。第三,文化交流方面。区域国别研究可以为不同文化间的交流提供参考,帮助人们更好地了解彼此的思想、习俗和价值观。第四,教育领域。区域国别研究可以为教育领域的研究提供理论支撑,帮助教育机构和教育工作者更好地了解不同国家的教育模式和理念,从而提高教学质量。总之,区域国别研究在多学科交叉的背景下,在各个领域,尤其是教育领域具有重要的学术和实践意义。

(二)中、俄高等教育领域的区域性特征

中国和俄罗斯均拥有庞大的高等教育系统,但高等教育领域的区域性特征存在差异。

首先,俄罗斯的高等教育系统较为分散。俄罗斯有超过750所高等教育机构,其中包括大学、学院、技术学校和职业学校等多种类型。[3]这些机构遍布俄罗斯各地,不仅在主要城市中心设立校区,还在许多小城镇和乡村地区设立了分支机构。这使得俄罗斯的高等教育系统在其国内不同地区具有区域性特征,因为各

个地区的学校在课程设置、教学方式和专业方向上可能存在差异,这种分散性有利于俄罗斯各地培养出更符合本地区需求的人才。相比之下,中国的高等教育系统更加集中。高等教育主要集中在一些大城市,如北京、上海和广州等地。学校通常由国家或省级政府直接管理,并且课程设置、教学方式和专业方向通常由相关政府部门统一规划。

其次,中国和俄罗斯的高等教育系统在国际合作方面也存在差异。中国与诸多近邻国家相互间有着密切的联系,因此更加需要构建开放与合作的区域关系。中国的高等教育系统与许多国家、地区的高等教育机构建立了广泛的联系,并且积极开展人才交流和合作项目。在"一带一路"倡议下,中国加强与沿线国家的教育合作,推动中外大学之间的合作交流。相比之下,俄罗斯的高等教育系统更加封闭,与国际高校的交流相对较少。

教育合作可以促进不同国家和地区的高校之间知识和经验的交流,有助于学生和教师接触到不同的学术思想和教学方法,拓宽视野。通过教育合作,学生可以获得更丰富的学习机会和资源,有助于培养全球化视野。同时,不同国家间的教育合作项目还可以提供更多的就业机会和职业发展路径,提高学生的就业竞争力。

三、俄语教育博士和国际中文教育专业博士培养对比研究

(一)俄语教育博士培养现状

俄语教育博士培养起源于20世纪50年代,是俄罗斯高等教育体系的重要组成部分。现行的俄罗斯博士生培养体系大体上沿用苏联时期的高等教育培养模式及学位制度。几十年来,俄罗斯在充分保留本国学位制度特色的同时也在不断改革,以便融入欧洲高等教育一体化进程中。俄罗斯拥有复杂的学位体系,其学位制度不同于我国和欧美的学位制度。其中,副博士学位(Кандидат наук)是俄罗斯学位制度中最具特色的一级学位,是介于硕士和博士之间的一个层次,申请攻读博士学位者必须具有副博士学位,这也是从苏联时期沿用至今的学位层次。副博士学位对论文质量的要求很高,每年能够通过答辩并获得副博士学位的学生比例很小。资料显示,2017年获得副博士学位的毕业生的比例只有三分之一。根据国际学位对等原则,俄语教育副博士已逐渐被许多国家接受,认为其等同于博士层次。国外留学生在俄罗斯高校取得副博士学位后,其副博士学位证书上会用英文标注"Ph. D. (博士生)"字样。[3]

俄罗斯博士研究生的培养目标是为国家和地区培养高层次的科研和教育人才,攻读博士研究生的人员主要来自科研机构和高校教师,因此博士研究生阶段

更注重的是学生科研水平和基础应用能力的培养。以圣彼得堡国立大学和伊万诺沃国立大学为例,俄语教育专业博士教育涵盖教育学、心理学、社会学、文化学等多个领域。在俄语教育专业课程的学习中,博士生深入探索俄罗斯语言和文化的不同方面,包括语法、语音、文学、历史和社会背景等,还学习如何设计、教授和评估俄语课程,以及如何应用现代教学方法和技术提高教学效果。

(二) 国际中文教育专业博士培养现状

国际中文教育专业博士培养旨在培养具有较高学术水平、创新能力和实践能力,同时又有着广阔文化视野和高超语言应用能力的国际中文教育领域的高级人才。目前国际中文教育专业博士的培养正处在起步阶段,各培养院校在师资力量、课程设置、职业前景等方面仍存在一些不足。

1. 师资力量

国际中文教育专业博士培养的质量和水平,很大程度上取决于师资力量。目前国际中文教育专业的师资情况比较复杂,主要是因为中文教育涉及多个学科,包括教育学、心理学、语言学、文化学等。首先,我国很多高校都设立了国际中文教育专业,因此教育学领域的师资力量相对充足。其次,心理学是影响中文学习、理解和应用的重要因素,因此国际中文教育专业心理学方向的师资也有一定占比。同时,还有语言学、文化学等方向的博士生导师。总体来说,目前我国不同高校、不同学科领域具备一定的师资力量,但也存在师资力量不均衡、师资水平有待提高、缺乏跨学科合作等问题。

2. 课程设置

课程设置是国际中文教育专业博士人才培养的重要组成部分。应该充分考虑到学生的兴趣爱好和职业发展方向,同时注重语言和文化的深度和广度。研究发现,东北师范大学、华东师范大学等19所院校的国际中文教育专业博士课程一般包括以下几个方面:国际中文教育基本理论(包括国际中文教育的现状、发展趋势、原则、方法、教材等)、跨文化交际、教育政策、国际中文教育评价、国际中文教育资源开发等。总体来说,国际中文教育专业博士的课程设置还有待优化。在一些课程设置中,教学内容和教学方法仍然比较陈旧,缺乏时效性和创新性。一些课程缺乏实际教学案例分析和实践操作,难以为学生提供真实的教学体验。

3. 职业前景

随着国际交流的加强,中文教育在全球范围内越来越受重视,这为国际中文教育专业博士提供了更多的就业机会。一方面,国际中文教育专业博士可以在国内或国外的中小学、高校或教育机构担任中文教师,为中国与其他国家的文化交流和沟通做出贡献。另一方面,国际中文教育专业博士还可以在文化交流、中文教育研究等领域从事相关工作,为促进国际文化交流与合作做出自己的贡献。此外,国际中文教育专业博士毕业生的数量相对较少,在高端人才市场上具有很强的竞争力,可以在众多领域,如教育、商业、文化等领域找到适合的职业。

四、俄语教育博士对国际中文教育专业博士培养的启示

(一)优化人才培养模式

俄罗斯的高等人才培养一直凭借其严格的选拔体系处于世界领先水平。"专家—副博士—博士"是俄罗斯高等教育从苏联时期起一直沿用至今的学制结构。专家的培养是在俄罗斯本科教育阶段进行的,这一阶段更注重学生的实践技能的培养,所培养的人才具有很强的应用性和职业性。学生取得专家文凭之后,往往要经过两到三年的科研实践才能申请攻读副博士,在完成副博士阶段的课程和取得科研成果之后,学生可申请副博士学位论文答辩,答辩通过者授予副博士学位。申请博士学位者必须是副博士学位获得者且拥有几年从事科研工作的实践经验,并取得其研究领域的重大创新性成果,提供相关科研成果的证明,这样才能进入博士研究生部攻读博士学位。俄罗斯的副博士学位要求学生具有较高的学术水平和研究能力,因此,我们在国际中文教育专业博士的招生工作中也要注重选拔优秀的学生,注重其学术水平和研究能力。

国际中文教育专业博士可以借鉴俄语教育博士培养模式,在博士阶段之前增加一个副博士阶段,以优化博士生的生源,增强博士生的科研能力,建立更加科学、严格的评估机制;可以设置针对汉语、中国文化、相关领域研究方法等的特定课程,让准博士生全面掌握专业知识和技能;还可以设置一些实践课程或训练,增强学生的职业能力和实践能力。

总之,可借鉴俄语教育博士的学位层次体系,结合国际中文教育专业博士的特点,对人才培养模式进行优化,以期进一步提高国际中文教育专业博士的教育质量和研究水平,为其未来的职业发展打下更加坚实的基础。

(二)跨学科交叉融合

俄罗斯在心理学领域有着悠久的历史及诸多杰出的心理学家,如巴甫洛夫、维果茨基、伯恩斯坦等。在俄罗斯的俄语教育博士培养中,心理学教育通常包括实践和理论两个方面,这意味着学生不仅需要掌握心理学的基本理论知识,还需要将这些知识应用到实际情境中。俄罗斯心理学家独创了很多研究方法,如反射法、联想实验法等,这些方法可以运用到实际的国际中文教育研究中。此外,在俄

语教育博士培养中,与其他学科的交叉研究也十分活跃,如与计算机科学的融合等。这种跨学科研究的发展为国际中文教育专业博士的培养带来了新的思路和方法。

各高校要充分利用本校特色专业和其他优势学科资源,全面培养复合型人才,使学科发展从单纯的"工具性"向更加深广的"人文性""跨学科性"转变。国际中文教育专业博士培养可以借鉴俄语教育博士培养模式,进行跨学科交叉融合。首先,与其他学科的专家合作。国际中文教育专业博士可以与其他学科的专家进行合作,共同开展跨学科研究。例如,可以与教育学、心理学、计算机科学等相关领域的专家合作,探索将语言和文化教学与新技术相结合。其次,参加跨学科的活动。参加跨学科的学术会议、论坛、研讨会等活动,更好地了解其他领域的研究成果和最新进展,为自己的研究提供新的思路和方法。再次,探索与其他语言和文化的交叉融合。国际中文教育专业博士可以探索与其他语言和文化的交叉融合,例如汉语和俄语、汉语和英语等。这种跨语言和文化的交叉研究可以加深对语言和文化的理解,并为跨学科研究提供新的思路。最后,推广跨学科的教育理念。在教育教学过程中,倡导跨学科的教育理念,鼓励学生积极参与跨学科的研究和实践活动,例如,开设跨学科的课程、组织跨学科的项目等。

总之,国际中文教育专业博士需要具备跨学科的思维方式和能力,并通过多种途径进行跨学科交叉融合,为实现学科创新和发展做出贡献。

(三)引入新型教学技术

俄罗斯在教育领域不断探索和应用新型教学技术,以提高学生的学习效果和综合素质,这些技术带来了更加创新和多样化的学习方式,可用以支持博士生进行高质量的研究。

1. 个性化教育技术

俄罗斯的一些高等院校,如新西伯利亚国立大学,已经开始使用人工智能技术帮助学生进行学科学习和职业规划,以满足不同学生的个性化需求。人工智能技术可以对学生各个方面的数据进行分析,提供更加贴合学生需要的建议。俄罗斯科学院建立了一家超级计算机中心,该中心可以为博士生提供更高效的数值模拟和数据分析支持。

2. 数字化创新平台

俄罗斯人民友谊大学在数字预科学院的基础上实施了"为外国学生预科培训开发数字教育环境"的项目,该项目的创建是为了在世界范围内普及俄语和俄语教育。俄罗斯人民友谊大学数字预科学院院长沙赫诺扎·苏丹诺娃强调,ruslovo.

rudn.ru 平台可以提供独一无二的数字资源,外国人可以借助其数字教育资源学习俄语。得益于现代化的教育方法,学生可以节省时间和金钱。平台上有俄罗斯人民友谊大学教师的定期课程,专家还可利用远程技术教授外国学生俄语。

总之,俄罗斯在教育领域对新型教学技术的探索和应用为国际中文教育专业博士培养提供了有益的启示,即技术支持是博士生进行科研工作的重要保障。利用先进的计算机技术,博士生可以进行更高效的数值模拟和数据分析,加快推进研究进度,提高科研成果的质量。

(四) 理论与实践相结合

俄罗斯的俄语教育专业博士培养院校更加注重实地研究,以莫斯科国立语言大学的课程为例,其旨在帮助学生了解实证研究方法和技能,并提供实际操作的机会。课程涉及实地研究的各个方面,如规划、准备、数据收集和分析,以及撰写研究报告等。此外,一些课程还包括国际比较研究、跨文化研究和多种方法论的比较等内容,目的是帮助学生更好地应对复杂的教育问题。

由此我们获得启示,在进行国际中文教育专业博士生课程的教学时,可以选派教师与学生到对象国家或地区进行实地研究。实地研究可以让研究者深入了解对象国家或地区的实际情况和文化背景,获得第一手资料,并验证理论假设和发现新的研究方向。同时,实地研究也是一种以实践为中心的研究方法,可以帮助研究者将理论知识转化为实践经验,提升研究成果的质量和影响力。在进行实地研究时,国际中文教育专业博士生需要经过细致的规划和准备,包括确定研究对象和目标、选择调查对象和样本、设计问卷或访谈指南、制订实施计划、撰写调研报告等。在报告中,国际中文教育专业博士生需要清晰地呈现调查结果、分析数据、归纳结论,并将实践经验与理论研究相结合,以便做出更大的研究贡献。只有将实践与理论相结合,才能更好地推动跨学科研究的发展。

五、结语

本文从区域国别视角出发,发现俄语教育博士在跨学科交叉融合、实践能力培养等方面有着得天独厚的优势,这些经验可以为国际中文教育专业博士培养提供启示。国际中文教育专业博士需要拥抱多元文化,注重跨学科交叉融合,强化实践能力培养,以进一步推动中国语言文化的传播和发展。我们可以从俄语教育博士的培养模式中汲取经验,不断完善博士培养体系,从而更好地满足传播中国语言文化的需求。

参 考 文 献

[1] 习近平.高举中国特色社会主义伟大旗帜 为全面建设社会主义现代化国家而团结奋斗:在中国共产党第二十次全国代表大会上的报告[J].党建,2022(11):4-28.
[2] 张蕴岭.构建中国特色的区域国别学理论[J].东亚评论,2022(2):1-6.
[3] 商文秀.俄罗斯高等教育区域学:理论构建、历史演进及中俄互鉴[J].俄罗斯学刊,2023,13(1):39-59.

德国汉学博士培养现状分析

高阳光(华北理工大学)　李东伟(华北理工大学)

摘　要:博士的培养和博士学位的发展是提升我国高等教育国际化水平和加快建设科技强国的必然要求。德国作为高等教育强国,其博士培养模式对我国博士培养具有重要借鉴意义。因此,本文尝试以德国汉学博士的申请方式和培养现状为例,从汉学在德国的发展历史及开设现状、德国汉学博士的培养模式、德国汉学博士的申请流程、德国汉学博士培养对中国汉语相关专业博士培养的启示4个方面进行论述,以期给中国汉语言文学及汉语国际教育等汉语相关专业的博士培养提供参考和借鉴。

关键词:德国博士申请;德国汉学;汉学博士培养

一、引言

德国作为科研强国,其高等教育以先进完备的科研设施、广泛的研究领域和雄厚的师资力量在世界上享有盛誉。越来越多的青年科研人才走进德国,在德国完成硕士、博士的学习之旅。德国博士的培养模式除了一直沿用的跟着博士生导师一同研究的申读模式,还有团队研究模式,即在一定项目框架内由多名教授联合指导。不同的培养模式为学生提供了更多的选择,提高了他们留德读博的可能性。因此,许多国际青年人才选择留德进入科研团队攻读博士学位。

目前外国留学生申请德国博士的,以理工科为主。伴随中国综合实力的增强,在德国从事汉学研究的人逐年增多,选择申请德国汉学博士的人越来越多。

本文以德国汉学博士申请为例,以期通过德国汉学博士的申请条件和现状分析,为现行中国汉语相关专业博士的培养提供借鉴。

基金项目:教育部中外语言交流合作中心2020年度国际中文教育研究课题"汉语国际教育博士(留学生)培养现状与优化方案研究"(20YH20C)。

二、德国汉学发展历史和汉学专业开设现状

(一)汉学在德国的发展历史

如今,汉学在德国依旧是一门年轻的学科。1878年莱比锡大学决定设立东亚语言专业副教授一职,并于翌年开始授课。著名的汉学研究者汉尼士(Erich Haenisch)教授于1946年在慕尼黑大学创立了汉学专业,培养研究汉学的硕士和博士。第二次世界大战以后德国文学的各个流派,都与中国古典文学有着割舍不断的关联,这一时期偏重于中国古代文化和古典文学研究[1]。自19世纪德国大学开始系统研究汉学以来,许多大学相继开设了汉学专业或汉学相关专业。

(二)德国汉学专业及汉学相关专业的开设现状

就德语语言区而言,将近30所大学设立了汉学或汉学相关专业,与汉语相结合的专业,即所谓的"混合学科专业(KombiStudiengänge)"主要集中在经济类学科。在德国,开设汉学或汉学相关专业的大学有慕尼黑大学、柏林自由大学、海德堡大学、图宾根大学、明斯特大学等;还有一些研究机构也开设了汉学或汉学相关专业,如德国海德堡大学东亚研究中心、德国柏林理工大学中国科学技术史学与哲学研究所等。其中慕尼黑大学、柏林自由大学、海德堡大学等设立了从本科至博士完整的汉学教育体系。

德国汉学专业和德国大多数专业一样,本科阶段为3年,硕士2年,博士3~5年不等。就现有汉学专业的大学中,对汉学研究的侧重点有所不同。有些针对当代中国经济、社会问题(例如纽伦堡大学);有些以中国古代文学为研究重点(例如慕尼黑大学);也有以汉语教学为研究课题的高校(例如波鸿鲁尔大学)。本科阶段对学生入学前的汉语基础不做要求,多数教材只提供英文版,所以部分高校的本科汉学课程需要学生在中国完成。课程内容涉及汉语、中国史、中国政治、中国经济和文化现状等方面,且许多课程和硕士期间的课程相互衔接。硕士阶段汉语语言教学逐步加大难度,对申请者的本科成绩及专业进行了限制。部分大学开设翻译专业、中国经济研究专业等。汉学博士点很少,汉学博士主要跟随导师研究课题,学习内容由导师定,读博期间一般没有具体的课程设置。

表1 德国汉学专业及汉学相关专业的开设现状

大学或机构名称	学士学位	硕士学位	博士学位	汉学专业/汉学相关专业
弗莱堡大学（Albert-Ludwigs-Universität Freiburg）	√(2007)	√(2013)		汉学系
柏林自由大学（Freie Universität Berlin）	√	√(2008)	√	中国研究(学士)；东亚研究(硕士)
柏林洪堡大学（Humboldt-Universität zu Berlin）	√	√		亚非研究语言方向（硕士）
波鸿鲁尔大学（Ruhr-Universität Bochum）	√	√		东亚学院
波恩大学（Rheinische Friedrich-Wilhelms-Universität Bonn）	√	√		亚洲学院汉学系(学士)；汉蒙藏地区历史文化研究(硕士)
不莱梅应用科技大学（Hochschule Bremen）	√			商业汉学（汉语和经济学双学位）
德累斯顿工业大学（Technische Universität Dresden）	√			东亚研究
杜伊斯堡-埃森大学（Universität Duisburg-Essen）	√			东亚研究
埃尔朗根-纽伦堡大学（Friedrich-Alexander-Universität Erlangen-Nürnberg）	√	√		语言文化研究学院汉学系
法兰克福大学（Johann-Wolfgang-Goethe-Universität Frankfurt am Main）	√(2006)	√(2009)	√	汉学系

续表1

大学或机构名称	学士学位	硕士学位	博士学位	汉学专业/汉学相关专业
哥廷根大学（Georg-August-Universität Göttingen）	√	√	√	东亚研究、现代汉学（硕士）
汉堡大学（Universität Hamburg）	√	√	√	亚非学院中国语言文化系
海德堡大学（Ruprecht-Karls-Universität Heidelberg）	√	√	√	东亚学院汉学系
基尔大学（Christian-Albrechts-Universität zu Kiel）	√	停办		—
科隆大学（Universität zu Köln）	√	√	√	中国地区研究、东亚文化和社会（学士）；古代中国、现代中国（硕士）
康斯坦茨应用技术大学（Hochschule Konstanz）	√	√		—
莱比锡大学东亚研究所（Universität Leipzig, Ostasiatisches Seminar）	√	√	√	—
美因茨大学（Johannes Gutenberg-Universität Mainz）	√	√		
马尔堡-菲利普大学（Philipps-Universität Marburg）	√	停办		—
慕尼黑应用语言大学（Internationale Hochschule SDI München）	√	√		现代中国研究、翻译、口译（与北京外国语大学合作）

续表1

大学或机构名称	学士学位	硕士学位	博士学位	汉学专业/汉学相关专业
慕尼黑大学（Ludwig-Maximilians-Universität München）	√	√	√	曾经以哲学和文化为研究重点，现在以古典文化为研究重点
明斯特大学（Westfälische Wilhelms-Universität Münster）	√	√		汉学
奥尔登堡大学（Carl von Ossietzky Universität Oldenburg）	√	√		中国经济和语言
特里尔大学（Universität Trier）	√	√		现代中国(学士)、中国文化传播(硕士)
图宾根大学（Eberhard Karls Universität Tübingen）	√	停办		汉语
维也纳大学（Universität Wien）	√	√	√	翻译、国际工商管理
维尔茨堡大学（Julius-Maximilians-Universität Würzburg）	√	√	√	现代中国(硕士)
苏黎世大学（Universität Zürich）	√	√	√	汉学
茨维考西萨克森高等专业学院（Westsächsische Hochschule Zwickau）	√			经济方向汉学

注：某些大学或机构的官网上并未给出所设汉学专业或汉学相关专业的具体信息，故表中未列出。

三、德国汉学博士的培养模式

在德国,博士学位只有综合性大学及同等机构才有资格授予,职业教育中的应用科技大学(FH)并无博士学位授予权(只有学士和硕士学位授予权),这与德国联邦政府、各州政府制定的学位相关法律有关[2]。所以德国开设汉学博士的大学主要集中在以慕尼黑大学、海德堡大学为首的在德国实力排名靠前的综合性大学或者美因茨大学等语言专科学校。值得一提的是,虽然中文教育在德国遍地开花,但是汉学研究在德国依旧是小众专业,德国汉学博士点和汉学博士仍很少。

(一)汉学博士的生源

德国汉学博士主要来自德国本土本科、硕士专业都为汉学或汉学相关专业的学生,或是德国以外的留学生,这些学生多数接受了系统的汉语教育。以图宾根大学为例,图宾根大学汉学本科的学生前3个学期在德国集中进行汉语培训,内容包括现代汉语、跨文化交际、中国历史文化等。德国图宾根大学汉学本科课程设置如图1所示。

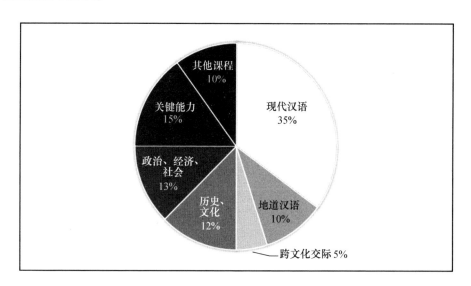

图1 德国图宾根大学汉学本科课程设置

学生除了在本校完成汉语基础课程外,第四、五学期许多汉学专业的学生会来中国进行学习。部分学校甚至与中国企业合作,让学生在硕士期间来中国实习。德国体系完备的本硕汉语教学为汉学博士输送了大量优秀的人才。

(二)汉学博士的招生方式

汉学博士的招生方式主要有在网络上通过汉学教员申请和直接联系导师两种方式,前者由学校进行第一层筛选,然后安排导师,后者直接由导师决定,再办理相关手续。

(三)汉学博士的课程设置和研究方向

德国汉学博士没有特定的课程,研究内容多数由导师直接决定。如果是多名导师指导的结构型博士,研究重点一般由科研项目决定。一般情况下,博士的研究方向与导师的研究方向、学校的汉学研究重点相一致。例如,德国汉堡大学汉学博士主要以研究书面资料为重点,这与该校汉学主要研究语言文化相吻合。许多学校会定期举办博士和博士后研讨会或者直接与一些中国高校开展合作项目。例如,科隆大学与中国复旦大学、中山大学就汉学博士培养有密切交流。

(四)汉学博士的毕业要求和职业选择

关于毕业要求,绝大多数高校没有发表论文的硬性规定,具体的毕业要求一般由学生与导师进行协商。

就业方面,汉学博士未来可以成为专门研究中国文化的学者,在德国将拥有各种各样的就业机会。一是任职于高校,或在研究机构担任教师。他们可以教授中国语言、文学、历史、哲学、政治等课程。二是可以在博物馆、美术馆或文化交流组织等文化机构中工作。他们可以在策划展览、组织文化活动或进行与中国艺术、历史、文化遗产相关的研究中贡献自己的专业知识。三是凭借对中国和中华文化的深刻理解,可以从事外交相关工作。他们可以在政府或非政府组织中贡献自己对中国政治、经济和社会的见解。四是可以成为记者、作家,或者就职于中国或东亚的媒体机构。他们可以对与中国有关的文化或社会问题进行评论。五是进行笔译或口译。他们可以在商务谈判等场合担任翻译。六是可以在与中国进行贸易、投资的企业中工作。他们可以担任顾问,帮助企业更好地适应中国市场。

四、德国汉学博士的申请流程

德国博士分为3种,分别是传统型博士、项目博士和校企合作博士。传统型博士学制至少为3年,可以随时申请,申请时需要直接联系教授,提供个人材料及研究计划书即可,教授具有绝对的主导权。项目博士学制也在3年左右,有申请的期限和流程,申请材料按具体项目的要求而定。校企合作博士一般由企业直接与教授确定,申请材料与详细研究内容也直接与企业挂钩。德国汉学博士的申请绝大多数都采用第一种方式,即传统型博士申请方式。例如,海德堡大学、柏林自由大学采用以教授为主导的师徒制,学生跟随教授在汉学领域自行或与其他学生一同完成科研项目,最后递交博士论文。也有部分大学采用项目博士的申请方式,例如,维尔茨堡大学。

本文主要以第一种申请方式,即传统型博士申请方式为例,其申请方式又可细分为两种。一种是投简历给导师,按照学校官网的要求把相应的材料发送到指定邮箱;由导师直接决定是否录取,一般更看重个人的科研背景和学术能力。另一种是网络申请,由专门的招生负责人进行第一道海选,一般更看重学生的语言成绩、发表过的文章和学术成果。

申请流程因大学不同而有差异。一般来说,第一步需要提交简历、学位证书副本、博士研究计划的简要说明,以及概述申请原因的信函。通过后进行第二步,通常要求提交详细的申请资料,包括学生的个人学习时间表、硕士阶段教授的信息、本硕期间所有的证书和论文的副本,以及语言能力的证明。对于外国留学生而言,还有一定的德语语言要求,语言要求因大学和博士阶段的研究项目的不同而有所不同。一般来说,师徒制下的语言要求由导师直接决定。如果这些材料得到了招生委员会的认可,申请人通常会被邀请参加个人面试,面试成功即为最终录取。

我们以科隆大学的网络申请和海德堡大学投简历给教授两种方式为例。

科隆大学:首先需要在科隆大学的官网上找到汉学教员的联系方式,并于特定日期进行申请。申请时发送的材料包括学历证明、硕士期间的论文、个人简历、对于科隆大学汉学专业特定项目的概述(研究现状、目标、方法、工作计划和参考文献清单等)、获得的证书的复印件、以往的课程及考试成绩单等。然后申请人等待学校进行审核。

海德堡大学:申请的具体步骤是与想要申请的教授取得联系,附上申请人的个人简历和以往获得的学位的复印件。如果教授不认识申请人,需要申请人提供尽可能多的个人资料,审核时可能会被要求提供额外的材料。在联系教授之前,申请人需要得到教授的助理确认,在收到通过确认后再把材料提交给教授,最后等待审核结果。

五、德国汉学博士培养对中国汉语相关专业博士培养的启示

(一)博士申请制度方面

德国在汉学博士申请方面采取多种途径。目前我国许多高校的博士申请对论文数量和工作经历等"一刀切"。对于这种现象,高校可以将各种硬性申请条件

弹性化,对于有学术潜力的学生放宽部分准入条件;可以提供多种博士选拔渠道,或是在同等录取条件下采取加试和替换申请条件等方式来增加生源,做到真正考量学生的学术能力。对于跨专业申请人或者留学生应加大审核力度。可以参照德国对申请人的本科和硕士专业加以限定,对于在同等条件下有其他学术成就的申请人采取优先录取的方式。

(二) 办学特色及宣传方面

高校可以突出自己的办学特色,加强招生、宣传力度。例如,德国汉堡大学注重汉语语法研究,因此对中国古代汉语文献的研究颇深入。慕尼黑大学的汉学系研究重点为中国汉族与北方游牧民族的文化交流,对于民族学和人类学的研究比较深刻。这些鲜明的办学特色可以更好地吸引学生。中国正在实施"新汉学计划"[3],诸如此类项目应该得到各界大力支持和推进。

(三) 人才培养方面

学校应充分发挥导师在人才培养中的作用。我们可以借鉴德国的人才培养模式,把更多的权力下放给导师,由导师参与制定更多教学政策。例如,高校应该从招生开始提升导师的参与度,调整导师在招生审核中的责任。

(四) 管理制度方面

中国高校应加强对博士生的管理,设立阶段性管理措施。这里的管理不限于制度层面的管理,还有学生心理和素质的综合管理。德国高校有针对博士生每一学年的审核制度,对于汉学博士生,每年考察其相应的汉语水平和学术进展,必要时对学生进行心理辅导,这一点值得借鉴。同时,中国高校可以设置国别定向和区域定向培养制度[4],对于来中国读博的汉语学习者分国别和区域,有针对性地制定教学对策。

六、结语

本文就目前德国汉学博士的申请模式和发展现状进行了分析,其中对德国大学或机构具体开设的汉学专业的分析存在样本数据不足以及没有与其进行核实的问题;申请流程方面主要参照各学校官网上给出的信息并进行整理,不够详细和缺乏实践性;对于现阶段德国汉学博士申请存在的问题等的思考,可能存在不够全面或者调查对象选择失误导致偏离事实等问题。对于以上不足,我们将在今后的研究中加以改善,并在此基础上做进一步的研究。

参 考 文 献

[1] 马静.德国慕尼黑大学汉学研究的历史与现状[J].学术论坛,2013,36(4):224-227.
[2] 李云飞.德国博士教育质量保障体系的构成、特点与借鉴[J].中国成人教育,2019(6):75-78.
[3] 李东伟,吴应辉.我国汉语国际教育硕士培养模式现状与优化策略[J].中国高教研究,2017(10):62-66.
[4] 李东伟.国际汉语教师专业发展中的问题与对策探究[J].黑龙江高教研究,2015(7):79-81.

日本语教育与国际中文教育专业博士人才培养对比分析

——以北京大学和早稻田大学为例

陈慧(华北理工大学) 李东伟(华北理工大学)

摘　要：日本语教育与国际中文教育同属于以非母语者为对象进行的第二语言教学(简称"二语教学"),将其师资培养系统进行对照分析有助于发现二者的共性和个性,对于我国国际中文教育专业博士培养具有参考价值。本文以北京大学和早稻田大学二语教学的师资培养系统为切入点,对两所高校博士培养系统中的培养目标、招生条件、课程设置进行分析,对比得出日本语教育专业博士培养对国际中文教育专业博士培养的启发,以期进一步优化国际中文教育专业博士培养体系。

关键词：国际中文教育；日本语教育；博士培养；学科建设

一、引言

习近平总书记在党的二十大报告中强调："增强中华文明传播力影响力。坚守中华文化立场,提炼展示中华文明的精神标识和文化精髓,加快构建中国话语和中国叙事体系,讲好中国故事、传播好中国声音,展现可信、可爱、可敬的中国形象。加强国际传播能力建设,全面提升国际传播效能,形成同我国综合国力和国际地位相匹配的国际话语权。深化文明交流互鉴,推动中华文化更好走向世界。"[1]国际中文教育学科结构性改革迫在眉睫,促进国际中文教育学科高水平建设和高质量发展刻不容缓,亟须不断提高中文在国际上的传播力,助推中国语言文化更好地走向世界。因此,完善国际中文教育专业博士培养体系是其中至关重要、不可或缺的一个环节。

基金项目：教育部中外语言交流合作中心2020年度国际中文教育研究课题"汉语国际教育博士(留学生)培养现状与优化方案研究"(20YH20C)。

日本语教育与国际中文教育专业博士人才培养对比分析——以北京大学和早稻田大学为例

日本语教育是日本由"国语教育"发展而来的新兴学科,相当于中国的国际中文教育,二者都是针对母语为外语的学习者的第二语言教学,有诸多共性。本文针对师资培养系统开展研究,将北京大学的汉语国际教育专业(《研究生教育学科专业目录(2022年)》将原来的"汉语国际教育"专业更名为"国际中文教育"专业,此处遵照北京大学的专业设置名称,故本文中"汉语国际教育"与"国际中文教育"通用)博士培养情况与早稻田大学日本语教育专业博士培养情况进行对比分析,从二者的培养目标、招生条件及课程设置入手,探讨日本语教育专业博士培养对我国国际中文教育专业博士培养的启示。

(一)国际中文教育专业博士培养现状

国际中文教育专业博士点建设自2018年5月开始,上海外国语大学、北京大学等20多所高校设置了该专业博士点,其发展速度之快令人惊叹,但发展过程中也不断暴露出各种问题。除了专业称谓不统一、专业博士和学术博士界限不明显、对教育学专业依赖程度高的学科建设问题,还存在申请条件不合理、培养目标不清晰和课程设置不合理等一系列人才培养方面的漏洞。[2]

李宝贵(2019)曾对国际中文教育专业博士点的招生简章进行分析,提出了其招生要求与培养方案脱节的问题。培养方案在人才培养过程中起着纲领性的作用,是高校人才培养的基础。当招生要求、培养方案不对应的时候,不论是高校的学科建设,还是最终的人才培养结果,只能差强人意。再者,培养方案是否能依照培养目标进行课程设置也会直接影响学生的学业水平高低。[3]

如何提升国际中文教育专业博士培养的质量,怎样进一步完善学科建设、优化博士人才培养体系,都是学界亟待解决的问题。

(二)日本语教育专业博士培养现状

日本的博士课程划分为博士前期课程和博士后期课程。部分学校直接接收已经获得4年制本科学位的学生攻读博士学位,此时博士学位的期限为5年——博士前期课程2年和博士后期课程3年,等同于我国的硕博连读。为已经拥有硕士学位的学生设计的博士后期课程,等同于我国的博士课程,此时博士学位的时限为3年到6年。日本的博士生并不区分专业型和学术型,开设日本语教育专业博士点的高校都十分注重培养实践与研究并重的双料人才。

日本语教育专业旨在培养对外日语教师,已经具备较强日语能力的学生需要在本专业深度研修日本语教学法。[4] 因此,对于日本语教育专业来说,仅仅会说日语是远远不够的。日本高校的日本语教育专业呈现多样化的特点,招生条件并不十分严苛,课程较为宽泛,跨学科特点明显,能够给学生提供更多的选择。与此同时,日本高校也十分注重培养学生的语言文化素养,使其为今后的日语教学活动打下坚实的基础。

二、早稻田大学日本语教育专业博士培养情况

(一)专业整体介绍

截止到2023年,早稻田大学设立的日本语教育大学院已经走过了22个年头,作为日本语教育专业的独立大学院,其不断深耕跨学科领域,学院博士毕业生活跃于日本国内外的高等院校和日语教育机构。

早稻田大学利用自身的全面性和独特性优势,以系统的课程计划为基础,促进多元化的学术、文化、语言的交流,培养能够积极为全球、为社会做出贡献的人才。日本语教育大学院旨在为当今日益国际化和多元化的社会中有着不同语言背景和文化背景的日语学习者提供语言教育,并培养能够为进行此类语言教育做出贡献的人才。早稻田大学日本语教育专业博士后期课程,重点是培养学生具有扎实的专业知识和实践技能。

(二)教学对象及学制介绍

早稻田大学的日本语教育大学院招收"修士"和"博士后期生","博士后期生"相当于中国的博士。该学院每学期会招收博士生,来自世界各地的国际学生、在职日本语教师,甚至是在职的社会人士等均可申请,旨在培养日本语教育学专家。学生在入学时指定的论文导师的指导下按照自己的进度进行研究。由于没有强制性的在校要求,许多学生在日本语学习的同时进行研究和论文写作。

日本语教育博士课程不需要学分,由导师指导和学生自愿研究的活动组成。同时,学生在学术研究上要投入足够的时间和精力,才能最终完成学业论文。

(三)以早稻田大学日本语教育博士培养方案为研究对象的意义

日本众多高校都开设了极具特色的日本语教育专业,本文仅选取早稻田大学作为研究样本进行分析。早稻田大学属于私立高校,在日本和国际社会都备受推崇,是世界一流高校。早稻田大学根据学生的个人学习条件,推出多样化且有效的课程,因材施教,根据学生的兴趣促进其学习和研究。学科建设和人才培养方面对于我国国际中文教育专业博士人才培养具有借鉴意义。

三、北京大学汉语国际教育专业博士培养情况

（一）专业整体介绍

北京大学在对外汉语教育学院下设置了对外汉语方向的专业博士学位，隶属于教育博士专业学位汉语国际教育领域，学习方式为非全日制。

北京大学要求汉语国际教育专业博士学位获得者应具有良好的思想品德、人文科学素养和广阔的国际视野，能够适应国际中文教育的海外岗位需求，秉持较强的专业性、责任心和使命感，具有扎实的语言本体知识和适应国际中文教育发展的理论水平，在中文教学、跨文化交际、跨学科融合创新方面能力超群，能够熟练掌握并使用一门及以上外语，在教学过程中能够有效运用专业理论和科研方法解决复杂问题，创造性地开展各项工作，胜任国际中文教育的海内外工作。

（二）教学对象及学制介绍

汉语国际教育专业的博士学位不仅面向持有硕士学位的毕业生，也面向在教育及相关领域有全职工作经验或突出工作经历、从事国际中文教育的教师等进行招生。本专业学习年限为4~6年，在此期间学生需脱产在校学习和实践两年半以上。

教育博士专业学位汉语国际教育领域的导师，一般由教育专业或汉语国际教育领域的博士研究生导师担任。采取集中学习和个人自学相结合的教学方式。教学培养涵盖课程学习、中期考核、开题报告、实习实践、论文写作和毕业论文答辩等多个环节。同时，依托从事汉语国际教育人才培养的单位进行实践教学。

（三）以北京大学汉语国际教育专业博士培养为研究对象的意义

北京大学作为中国特色世界一流大学，其和早稻田大学同为综合性高校，以其作为样本进行的研究极具代表性。

四、北京大学和早稻田大学教育专业博士人才培养对比分析

（一）培养目标对比分析

培养目标作为人才培养体系中纲领性文件一样的存在，是根据国家的教育宗旨，以及各级各类高校的性质和教学任务提出的具体的人才培养要求。无论是日本高校的日本语教育专业博士培养，还是我国国际中文教育专业博士培养都需要围绕培养目标进行。

北京大学汉语国际教育专业旨在以职业需求为导向,在新形势下适应汉语国际教育和中国语言文化发展传播的需要,培养对外执教能力较强、理论基础与实践能力兼备、能从事汉语国际教育和中华文化国际传播的复合型人才。

理论与实践相结合一直都是早稻田大学日本语教育专业所秉持的教学目标,其十分注重学生实践能力的培养。早稻田大学的日本语教育专业始终坚持理论科目和实践科目相结合的人才培养原则,主张通过教学实践逐步培养出具有较强实践技能的国际日语教师。除此之外,日本高校也注重根据自身特色进行教学。比如,早稻田大学根据学校在教育方面的强项,与国际接轨,培养视野更加开阔的国际化跨学科人才。早稻田大学的日本语教育大学院提供各种实践活动,为深入研究日本语教学法创造了条件。

通过对比发现,北京大学和早稻田大学的培养目标各具特色,早稻田大学更加突出跨领域研究、教学实践、因材施教,北京大学的培养目标则主要围绕文化传播能力。

(二)招生条件对比分析

早稻田大学日本语教育专业并未设置博士预科,所以报考人员应为已获得硕士学位或同等学力的人员,每年的4月和9月都可以进行报名,择优录取。北京大学的汉语国际教育专业博士为非全日制定向培养。北京大学和早稻田大学的招生条件见表1。

表1 北京大学和早稻田大学的招生条件

招生条件	学校名称	
	北京大学	早稻田大学
语言要求	大学英语六级成绩在550分及以上,或托福成绩在90分及以上,小语种语言水平可提供证明	无(但需要有一定的语言能力以应对考试)
专业背景要求	需要两年以上相关行业从业经历,对在职海外中文教师有一定偏好,无专业背景要求	无(面向各行各业人士)
入学考试	初筛为申请制,需要两封专家推荐信;复试为线上面试	初筛书面材料,包括一篇命题论文;复试为面试,接受线上形式
研究计划	拟进行研究工作的设想	无详细要求,但根据导师的研究方向拟订研究计划更容易通过申请

从两所高校的对比来看,北京大学的招生条件中的两年以上的从业经历这一条对于应届的硕士毕业生来说,并不现实;作为非全日制的专业,需要学生脱产在校学习;学校因担心人才流失,所以对中国籍学生采取定向培养模式,需要原工作单位同意报考,但这样很容易招致原工作单位的不满。

(三)课程设置对比分析

早稻田大学日本语教育专业的博士课程并不把取得学分作为必要条件,所以学生在学习课程知识的同时,可以在国内外的日语教育实践中积累经验。采取一名主指导教员和2名副指导教员共同指导的体制,多角度对学生进行指导。此外,学生撰写的博士学位论文需要在"专业知识""实践能力""发现问题、解决问题的能力""沟通能力""国际性"等方面表现突出。学校和指导教师需要根据学生的具体情况灵活设置课程内容。

北京大学的非全日制课程采取课程模块和学分制,根据培养方案,教育博士专业学位汉语国际教育领域研究生研修课程(表2)学分应不少于24学分,其课程计划中标注应重视跨学科交叉融合、团队学习、专题研讨、实地调研、案例分析及教育调查等能力的培养,注重教学质量。目前,与北京大学合作的孔子学院有12所,截至2020年北京大学在校留学生高达4 000多人,给博士生提供了充足的实践机会(留学生来华学习都要学习汉语,国际中文教育专业的学生可以借此机会进行教学实践)。

表2 北京大学教育博士专业学位汉语国际教育领域研究生研修课程

课程模块	课程内容
公共课模块 (≥4学分)	外语(中国学生:英语;外国学生:专业汉语)(2学分)、政治理论(2学分)、教育和汉语国际教育前沿(2学分)、中华历史人文专题(或外国历史人文专题)(2学分)
理论模块 (≥8学分)	教育原理专题(2学分)、汉语国际教育理论实践专题(2学分)、中华文化与跨文化专题(2学分)、汉语国际教育课程教学和体系设置专题(1学分)、现代传播学理论(1学分)、汉语国际教育综合评价(1学分)、中外教育比较专题(1学分)、世界史与国际关系专题(1学分)等
教育研究方法模块 (≥8学分)	教育研究方法(2学分)、定量研究方法(1学分)、教育统计及相关软件运用(1学分)、学科交叉融合创新方法(1学分)、跨境跨文化比较分析(1学分)、国际课堂技巧与调控分析(1学分)、语言教学信息集成与分析(1学分)、大数据与人工智能运用方法(1学分)等

续表2

课程模块	课程内容
汉语国际教育实务与实践研究模块（≥4学分）	在读期间,必须赴境外高水平汉语国际教育机构进行为期一年及以上的高研、高访实践,或在世界各地的孔子学院(汉语课堂)、国际上与本专业相关的岗位进行为期一年及以上的教学或管理实习实践,结束后提交实习实践情况报告

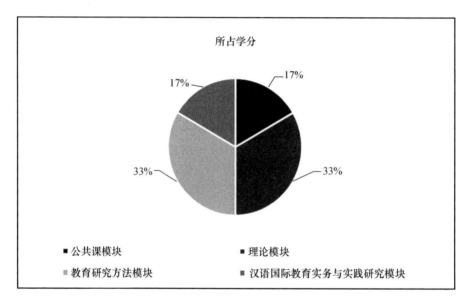

图1 北京大学教育博士汉语国际教育领域专业博士课程模块占比

由表1、图1数据可知,北京大学的课程设置中,无论是理论模块,还是教育研究方法模块,都设置了与教育学相关的课程,占比较大,印证了前文提及的我国国际中文教育专业博士人才培养过于依赖教育学理论的观点;汉语国际教育实务与实践研究模块占时一年,学分占33%,并没有突显出其重要性,更没有专门的实践指导。

和北京大学相比,早稻田大学的课程设置更加宽松,给学生提供的发挥空间也更大,北京大学的课程设置中并没有充分体现出培养目标所提及的国际化和跨学科培养。在教学实践过程中,早稻田大学坚持以学生为主导,指导教师实时解惑,多名指导教师对一名学生进行指导。北京大学采取的是一对一或者一对多的指导方式。

（四）其他

除了上述几个方面，奖、助学金等方面也十分值得关注。北京大学汉语国际教育专业的中国籍学生在校期间不予转接档案和户口，不提供奖学金、住宿和公费医疗。早稻田大学为私立高校，接受各类社会团体或者组织对教育事业的支持，为博士生设置了多种多样的奖、助学金。

五、启示与建议

综上所述，早稻田大学日本语教育专业博士人才培养体系重视培养多样化的教育人才，注重学生综合素质的提高，为我国国际中文教育专业博士人才培养提供了诸多可借鉴之处。

（一）加强学科建设

优化学位层次体系、将培养目标落到实处以及优化国际中文教育专业博士人才培养方案是当前我国学科建设任务的重中之重。我国国际中文教育专业本硕博一体化建设有待加强，培养方案、课程设置应向培养目标靠拢。博士人才培养课程应提供给学生更多的自由选课空间。

（二）调整招生条件

早稻田大学并没有对语言水平进行限制，而是根据初筛的书面材料进行判断，在复试面试中综合考察。证书上显示的语言水平，并不能完全代表口语水平，也不能代表一个人对于这门语言的语用知识的掌握，单纯根据证书进行语言水平的评价是不科学的。在实践经历方面，北京大学的要求对于应届硕士毕业生来说并不现实，一定程度上限制了本专业多样化发展的可能。可以适当调整招生条件，增加招生人数，加强本硕博一体化培养，从社会各行各业广纳贤才。

（三）指导教学实践

除了论文指导，学生进行教学实践时也需要教师从旁指导。孔子学院有老教师带新教师（老带新）的政策，但是孔子学院自身教学任务繁重、事务繁杂，这种老带新的政策实施起来难免遇到困难。我国国际中文教育专业博士人才培养过程中，可以在主指导教师之外，增加一到两位辅助指导教师，同时对学生在实践过程中遇到的问题进行答疑解惑。

（四）体现自身特色

北京大学作为一所国际化氛围极强的综合性大学，在培养方案的课程设置中既没有体现出教学上的国际化特点,也没有体现出学科上的综合性。因此,国际中文教育专业博士人才培养可以在体现高校自身特色的基础上,进行跨学科联合教学,加强中外学生的文化交流。

(五)加强学习激励

激励也是人才培养十分重要的一环,我国多所高校在国际中文教育专业博士学位并未设立奖、助学金激励机制,这在一定程度上会使学生丧失学习热情。因此,建议在合理合规的基础上加强激励,这样才能保障学生在校脱产学习的同时,生活方面不会有顾虑。

六、结语

本文通过对北京大学和早稻田大学两所高校的博士培养系统进行比对,发现二者在博士的培养上呈现出不同的特点。我国汉语国际教育专业博士培养可以通过加强学科建设、调整招生条件、指导教学实践、体现自身特色、加强学习激励等系列措施来弥补自身的不足。

参 考 文 献

[1]习近平.高举中国特色社会主义伟大旗帜 为全面建设社会主义现代化国家而团结奋斗:在中国共产党第二十次全国代表大会上的报告[J].党建,2022(11):4-28.

[2]樊晓博.汉语国际教育专业博士发展分析[J].教育进展,2023,13(4):1828-1833.

[3]李宝贵.教育博士专业学位研究生招生问题的透视与改进:以汉语国际教育领域为例[J].教育科学,2019,35(5):82-91.

[4]林雪雪.日本语教育硕士专业与汉语国际教育硕士专业课程设置对比分析[D].大连:辽宁师范大学,2020.

EMI 岗位制博士对国际中文教育人才培养的启示

孙艺文(华北理工大学)　沈莉娜(华北理工大学)

摘　要:本文以瑞典查尔姆斯理工大学 EMI(English as Medium of Instruction,以英语为媒介的教学)岗位制博士培养与云南师范大学汉语国际教育专业博士培养为例,对二者在招生制度、培养方式、培养过程、专业实践等层面进行对比,发现查尔姆斯理工大学 EMI 岗位制博士培养更注重实践经验及满足岗位要求,形成"雇佣关系"和"师生关系"的双关系,将教学能力与管理能力放于首位,实践所占比重大。鉴于此,本文建议我国国际中文教育专业博士培养应注重学科交叉、实践经验、团队协作、全球视野,以期为国际中文教育专业博士人才培养开拓新思路提供参考。

关键词:EMI 岗位制博士;国际中文教育;专业博士;人才培养

一、引言

EMI 岗位制多涉及高等教育范畴。

国际中文教育专业博士学位强调培养汉语国际教育与中华文化国际传播的复合型高级人才,学科内容涉猎广,涉及语言学、心理学、教育学等。目前,国际中文教育专业博士仍为稀缺人才,市场需求量大。

二、EMI 岗位制博士概述

(一)EMI 岗位制博士的申请条件及涉猎范畴

EMI 岗位制博士是欧洲大学的一种特有博士形式。学校或研究机构通过新课题后,会招聘博士。岗位制博士拥有双重身份:学校或研究机构雇佣的工作人

基金项目:教育部中外语言交流合作中心 2020 年度国际中文教育研究课题"汉语国际教育博士(留学生)培养现状与优化方案研究"(20YH20C)。

员和需要完成博士学位的学生。学生需要跟学校或研究机构签署劳动合同,拥有职位,一般是研究助理,并不需要缴纳学费,相反,学校或研究机构每月会发放工资。薪酬制度是严格按照当地工资水平制定的,因此也需要交税。同时,合同中还包括社保等福利,通常还有年终奖。一般情况下,随着工作年限的增加,工资水平也会每年小幅度提升。同样,作为工作人员,可以享受所在国家的法定节假日与年假,一般会有20~40天的年假。EMI岗位制博士作为员工,签证不是学生签证,而是学者/工作签证。因此,在读期间可以累计工作年限。根据许多欧洲国家的法律,一般岗位制博士毕业后可以直接申请5年以上的居住签证。因此,更容易转换签证和获得永居身份,适合有在海外工作意图的申请者。当然,以上为常规情况下EMI岗位制博士的申请条件,具体学校在申请要求和涉猎范畴上有所不同。

(二)EMI岗位制博士的培养宗旨及理念

EMI岗位制博士旨在培养博士生在不同背景下的英语教学技能。EMI岗位制博士可在广泛的领域工作以及进行一些项目式的写作。EMI岗位制博士可以在高等教育和广义的学术研究环境中进行学习和交流,以便更好地改善教学水平。

三、EMI岗位制博士培养现状

EMI岗位制博士较传统博士而言,第一,申请者竞争比较激烈。一般录取人数只有1~2人,很多情况下只录取一人。EMI岗位制博士的特点决定了此类博士的申请竞争十分激烈,如果申请者的学术背景与课题不太符合,很有可能初选就被筛掉,没有机会与导师联系、交流。第二,存在岗位具有局限性和不确定性的问题。导师并非每一年都会招生,很有可能学生想去的学校或工作室间隔2~3年后才发布岗位招聘。这种情况下,自带课题联系导师的传统博士会更具有主动性。第三,工作时间固定。不同于传统博士可以自己安排博士期间的生活节奏,EMI岗位制博士因为签署了劳动合同,会有明确要求的工作时长,一般一周在30~40小时,即每天7~8小时的工作时长。第四,课题自由度低。传统博士一般都是自己提出课题,与导师商议后导师给予指导。EMI岗位制博士一般是导师手头课题研究缺人这才发布招聘岗位。因此,EMI岗位制博士在申请时不需要自带研究课题,而是以导师规定的课题为主进行研究。虽然在读期间学生完全可以进行自己的课题研究,但主要精力要求放在指定课题上。第五,一般会有明确要求的教学任务。由于是合同制,一般导师在招人的时候会明确表明需要申请者协助导师。因此,不同于传统博士,EMI岗位制博士在工作中会承担教学任务。第六,合同制意味着这是一份严肃的工作,如果无法达到导师的要求,很有可能被中断合同和博士学习。因此,一般欧洲大学的岗位制博士都会先签署一年的合同。一年后,如果导师对学生的表现满意且学生也想继续工作、学习下去,会将合同续签到3～6年。

四、国际中文教育专业博士人才培养现状

国际中文教育作为一个专业领域,近年来得到了广泛的关注和发展。"我国1985年开始设立汉语国际教育。"[1]截至2021年,"全球已有162个国家(地区)设立了541所孔子学院和1 170个孔子课堂"[2]。"进入21世纪以来,随着社会经济发展和市场机制的不断完善,国家对具有创新创造才能的人才的需求量也日益增多。"[3]在这一背景下,培养国际中文教育专业博士人才成为各高校和机构的重要任务。"面对新的国家发展形势、学科特点、学科要求,汉语国际教育专业的人才培养模式也应不断完善。"[4]通过对相关文献的研究和分析发现,大部分国际中文教育专业博士分布于师范类和综合类高校。国际中文教育专业博士就业状况良好,其原因是相关人才资源紧缺,发展前景明朗。培养高层次、复合型国际中文教育专业博士是解决供需问题的突破口,既可以在一定程度上解决师资短缺的问题,又可以大大提高汉语国际教育的质量。[5]除此之外,当前国际中文教育专业博士人才培养还面临着培养方案与专业需求匹配的问题。国际中文教育作为一门跨文化交际的学科,培养学生的国际视野和文化意识非常重要。然而,目前一些高校缺乏与国外高水平学府的合作,学生在学习和研究方面的国际化程度有待提高。随着国际中文教育的快速发展,国内外对国际中文教育专业人才的需求日益增长,这为国际中文教育专业博士提供了广阔的就业前景和发展空间。

五、EMI 岗位制博士培养与国际中文教育专业博士培养的对比

(一)查尔姆斯理工大学 EMI 岗位制博士培养概况

查尔姆斯理工大学 EMI 岗位制博士设置在语言与传播学部,该学部有着悠久的历史。

在招生制度方面,EMI 岗位制博士招收的学生须具有教育语言学、应用语言学或语言学相关领域的硕士学位,这种背景将增加其能够为项目中的研究(尤其是研究仪器的开发)做出实质性贡献的可能性,要有发表过研究论文的经验及教育经验。EMI 岗位制博士需要有非常强的积极性、独立性和主动性。申请者需要提供与课题内容相关的研究计划,以及托福成绩单或其他证书的副本。

在培养方式方面,EMI 岗位制博士将加入一个由其他博士生和资深的学者组

成的社团,之后在广泛的领域工作、学习。博士生需签署合同,合同条款标明该岗位属于全职临时工且最长工作年限为5年。

在培养过程方面,首先是申请。其次是接收雇佣通知或合同。再次是签合同。复次是开展岗位实习工作,同时进行科研。EMI岗位制博士的任务是从事与项目相关的研究并取得科研成果。除了研究项目外,学生还需担任一些职责,比如教学的职责等。工作时间约占总时间的20%左右。最后岗位审核和科研成果双达标后,进行答辩并予以毕业。

在专业实践方面,有明确的工作时长。博士生充当导师的助理,需进行教学与整理文档等。

(二)云南师范大学汉语国际教育专业博士培养概况

云南师范大学汉语国际教育专业博士学位设于云南华文学院国际汉语教育学院,该学院师资力量雄厚,结构合理,高水平教师较多。

在招生制度方面,申请者应为已获硕士学位,截止到入学前,有两年及以上从事汉语国际教育或相关领域全职工作经历、具有相当成就和较强研究能力的教师。申请者须提供与本专业相关的两名以上专家的推荐信。

在培养方式方面,每名博士生必须有一名导师指导论文写作。博士生需进行科研、撰写论文,并达到一定的学术水平。博士生完成论文后需要进行答辩,同时还需要完成教学实践活动。

在培养过程方面,第一,选拔。考生需要经过博士入学考试及面试选拔,具备一定的汉语教学能力和学术能力。第二,学习。云南师范大学汉语国际教育专业博士需要完成必修课程和选修课程[6]。比如,汉语教育学(重点介绍汉语教学的基本理论、教学方法和教材编写)、汉语文字学(介绍汉字的起源、演变及其与文化的关系)、汉语语音学(介绍汉语语音的基本概念,以及在汉语教学中的应用)等。除了必修课程,博士生还需选择一定的选修课程,以满足自己的研究方向和兴趣所需。第三,科研。博士生在学习期间要进行科研工作,并完成博士学位论文。第四,学术交流。博士生需要参加学术会议、研讨会和发表学术论文等,增加学术经验和交流。第五,博士生需要进行一定的教学实践,了解国际中文教育的实际情况。

在专业实践方面,第一,教学实践。博士生需要进行教学活动,以全面了解国际中文教育教学实践的现状和发展趋势。第二,研究实践。博士生需要进行多角度、深层次的研究实践,参与科研项目、组织研究活动、投稿、发表学术论文等,以提升自身的研究能力和学术水平。第三,跨文化交际实践。博士生需要参与国际交流活动,如组织汉语文化讲座、参加国际会议等,以加深自身对不同文化的理解和认识。第四,培训实践。博士生需要参与教师技能培训,如研讨会、讲座等,以提升自身的教学能力等。

(三)两种博士培养模式的对比

第一,招生制度方面。云南师范大学汉语国际教育专业博士的招生条件更注重科研水平及之前取得的学术成果,而 EMI 岗位制博士的招生条件更注重实践经验及满足岗位要求。

第二,培养方式方面。EMI 岗位制博士和汉语国际教育专业博士在培养方式方面存在较大差异。EMI 岗位制博士更注重实习实践,博士进入学校就要签署合同,形成"雇佣关系"和"师生关系"的双重关系。在中国,虽然国际中文教育专业博士也需实习实践,但多是在相关汉语教育机构进行实习,学习汉语教学的实际操作经验和专业知识,增强综合素质和职业能力。学生和导师之间不是雇佣关系,学生和实习单位之间是雇佣关系。

第三,培养过程方面。云南师范大学汉语国际教育专业博士与 EMI 岗位制博士部分培养过程一致,最终都需要有科研成果和实习经历。EMI 岗位制博士更加注重实习,且实习时导师如果觉得该博士生表现不佳,可以随时辞退。由此可见,EMI 岗位制博士培养将教学能力与管理能力放于首位,导师的权力非常大。云南师范大学汉语国际教育专业博士培养将科研能力放于首位,且博士生导师原则上没有那么大的权力。

第四,专业实践方面。二者的实践方式要求不同,实践的时长也不同。

六、启示

基于以上对比,EMI 岗位制博士培养可以为我国国际中文教育专业博士培养提供以下启示。

首先,学科交叉。EMI 岗位制博士具有跨学科背景,可以将不同学科之间的知识进行融合应用。我国国内国际中文教育专业博士可以借鉴这种跨学科的思维方式,探索中文教育与其他领域,如语言认知、文化交际、教育心理学等的关系,提高研究的深度和广度。

其次,实践经验。EMI 岗位制博士具有丰富的实践经验,可以通过实际工作中的挑战来推动研究的进展。我国国际中文教育专业博士可以积极实践,在实践中发现问题、解决问题,并将实践经验融入研究中,使研究更加贴近实际需求。

再次,团队协作。EMI 岗位制博士需要和不同领域的人员进行合作,团队协作能力很强。我国国际中文教育专业博士可以借鉴其团队协作的方式,积极参加学术讨论、合作研究和项目管理,不断提升团队合作技能和实践能力。

最后,全球视野。EMI岗位制博士在全球多个地方工作和学习,具有全球视野。我国国际中文教育专业博士可以积极参与国际交流活动,掌握国际化教育理念和方法,对中文教育在全球范围内的发展进行深入的研究和思考。

七、结语

本文梳理了查尔姆斯理工大学 EMI 岗位制博士与云南师范大学汉语国际教育专业博士人才培养现状,就二者在招生制度、培养方式、培养过程、专业实践 4 个方面的异同进行了比较。EMI 岗位制博士培养的经验可供汉语国际教育专业博士培养借鉴。高校可以通过不断探索和改进,建立更加完善的汉语国际教育专业博士的培养模式和评价体系,培养更多高素质、有国际竞争力的人才。

参 考 文 献

[1] 文秋芳. 从英语国际教育到汉语国际教育:反思与建议[J]. 世界汉语教学,2019,33(3):291-299.

[2] 田甜. "一带一路"倡议背景下西安三所高校汉语国际教育硕士人才培养机制探究[D]. 西安:陕西师范大学,2021.

[3] 阮桂红. 美国在线教育博士培养模式研究[D]. 新乡:河南师范大学,2020.

[4] 贾全红. 新时代背景下汉语国际教育专业人才培养模式创新研究:以青岛滨海学院汉语国际教育专业为例[J]. 佳木斯职业学院学报,2018(3):230-231,255.

[5] 艾红培. 设立汉语国际教育博士专业之我见[J]. 大学教育,2012,1(6):24-25.

[6] 田艳. 基于英国 MTESOL 课程体系对汉语国际教育硕士课程设置的思考[J]. 世界汉语教学,2012,26(2):276-288.

汉语国际教育专业博士人才培养现状及相关思考

付喜雯(华北理工大学)　沈莉娜(华北理工大学)

摘　要:本文通过梳理我国汉语国际教育专业博士人才的选拔程序与培养模式,发现选拔标准不够科学、学科范围较狭窄、生源国单一、培养规模较小、课程体系有待优化、培养方式单一、师资力量较匮乏等问题,针对这些问题提出相应的优化对策,以期促进我国汉语国际教育专业博士人才培养的持续、健康发展。

关键词:汉语国际教育专业博士;选拔程序;人才培养

一、选拔程序分析

汉语国际教育专业博士人才选拔是一个非常重要的过程,关系到国家人才培养和教育事业的发展。下面将以查找到相关资料的高校为例,对其汉语国际教育专业博士人才选拔程序进行系统分析。

汉语国际教育专业博士学位是中国高等教育中较为特殊的一类学位,其旨在培养掌握汉语语言学、汉语文化学、对外汉语教学理论和实践等方面知识的、综合能力强、具有较高汉语国际教育素质的高级专门人才。因此,在博士的选拔方面,高校有相应的考核标准和要求,以保证最终能够选拔出优秀的人才。

(一)选拔标准

目前,我国汉语国际教育专业博士的选拔标准主要涉及以下几个方面。

1. 学历背景

报考汉语国际教育专业博士须持有相应院校颁发并受教育主管部门认可的硕士研究生学位,并在相关领域具有一定的研究或实践经验,这是对申请者的基本限制条件。

基金项目:教育部中外语言交流合作中心2020年度国际中文教育研究课题"汉语国际教育博士(留学生)培养现状与优化方案研究"(20YH20C)。

2. 科研能力

拥有较强的科研能力是申请博士的重要条件之一,优秀的科研能力应包括科学原理的应用能力、独立思考的能力、系统总结和表达的能力等。

3. 外语水平

汉语国际教育专业博士应具有较强的汉语语言能力,并且同时至少有一门外语达到熟练应用水平。这里的外语并不限制为英语,但相对来说英语仍然是最广泛使用的交流语言,且对于专业领域知识的掌握和学术交流有非常重要的作用,因此具备较高的英语水平成为申请者热门的要求之一。

4. 学术背景及成果

对于申请硕士学位的人来说,本科时期取得的成绩及参与科研课题的经历是比较重要的条件之一。对于博士研究生,除了应具备较好的本科和硕士学习成绩以外,相应的汉语国际教育学术背景也受到招生单位的关注。这方面的表现不仅包括获得的奖项和荣誉证书,更包括在相关领域取得的优异学术成果以及在该领域的学术水平等。因此,学术成果是博士申请者重要的条件之一。

5. 综合素质及其他

无论是硕士还是博士,拥有较好的逻辑推理能力和系统的思考能力是其基本素质,而思维敏捷、综合分析能力强、具备良好的团队合作和沟通技巧等也格外受到关注。除此之外,专业知识储备和对学习的热情都是备受关注的条件。

对于汉语国际教育专业博士而言,不同的招生单位可能在考核标准上有所区别,相对来说,掌握扎实的学科知识、具备良好的语言水平、拥有较丰富的研究成果等综合素质,以及潜在的创新能力是对申请者进行考查的重要的参考因素。

(二) 选拔程序

在高校,汉语国际教育专业博士的选拔程序主要包括 3 个环节:选拔、考试和答辩。

第一,选拔环节是最基础的环节。我国高校汉语国际教育专业博士选拔一般均要求申请者具备硕士研究生学历,并且所学专业必须为汉语国际教育或教育学、汉语言文学等。同时,应具有较强的汉语语言表达和英语语言表达能力,口试成绩达到一定标准,并且需要具备科学研究能力和创新精神。

第二,考试环节是选拔程序的核心环节。汉语国际教育专业博士的招生考试主要包括英语口试和文化考试两个方面,英语口试成绩占 60%,文化考试成绩占 40%。其中,英语口试中,英语发音、语音、语调、语法和语境理解等方面都需要进行考查。文化考试则需要考查学生对文化背景的了解和对汉语的掌握。根据调查,在全国开设汉语国际教育专业博士学位的院校中,一般考试成绩排名前10%的学生才有机会进入答辩环节。

第三,答辩环节是选拔程序的最后一个环节。在答辩中,学生需要对自己的博士学位论文做出详细的阐释和说明,并回答评委的问题。

总体来说,高校汉语国际教育专业博士选拔程序的关键因素是学生的综合素质。在全国开设汉语国际教育专业博士学位的多所高校中,汉语国际教育专业博士的选拔条件、考试成绩占比和答辩环节的通过率没有太大的差异。这充分说明我国高校在选拔汉语国际教育专业博士人才方面非常注重学生的语言能力、文化素养和科学研究能力,这有利于促进我国汉语国际教育事业的发展。

二、人才培养分析

"国际中文教育博士生人才培养时间不长,经验不足,国际中文教育博士专业学位独立设置后,将对人才培养提出新的要求。但目前此方面的研究非常欠缺,亟须加强。"[1]下面将从两个方面对我国汉语国际教育专业博士人才培养进行分析。

(一) 高校情况

我国众多高校开设了汉语国际教育专业博士培养项目,如北京大学、清华大学、浙江师范大学、广州大学、天津师范大学等。其中,广州大学于2019年开始招收汉语国际教育领域教育博士专业学位研究生(2019年以前,该校教育学博士只在教育领导与管理、学生发展与教育方向进行招生)。广州大学汉语国际教育专业博士人才培养历史可以追溯至20世纪80年代,该校开始时招收汉语言文学硕士研究生,逐步形成了汉语言文学、对外汉语教学等专业的特色。2003年,广州大学成立了汉语国际教育硕士点,2011年正式开设博士点,开始招收汉语国际教育专业博士。目前,广州大学汉语国际教育专业已经建立了完善的博士培养体系,涵盖以下3个方面。

1. 师资力量

广州大学汉语国际教育专业拥有一支强大的师资队伍,专兼职教师并存。大部分教师具有海外留学经历,具备完善的知识结构和合理的年龄结构、学缘分布,具有良好的敬业精神和合作精神,在国内外学术界有较高的声誉和影响力。

2. 教学体系

广州大学汉语国际教育专业博士教育采取"硕博连读"或"申请审核制"两种培养方式,为学生提供了灵活多样的学习途径。同时,该校还开设了涉外汉语教学、汉语语音和汉字文化等多门课程,以满足学生不同的学术需求。

3. 博士论文质量

在研究生毕业论文方面,广州大学汉语国际教育专业高度重视学术规范和道德标准,严格执行学术诚信制度,鼓励学生积极探索和创新,产出了一批具有较高学术水平的博士论文。该专业毕业的博士生已在海内外知名高校和机构担任教授、研究员等职务,成为该领域的杰出人才和重要学术力量。

总之,广州大学汉语国际教育专业博士人才培养历史悠久、体系完善。未来,该专业将继续坚持素质教育和特色发展的理念,为汉语教育事业培养更多高素质、高水平的博士人才。

(二)培养模式

我国高校的汉语国际教育专业博士培养模式存在一定的差异。一些高校采用学术导师制,以学术研究为主;另一些高校则更加注重实践教学,以教学导师制为主。此外,也有高校采用双导师制,既注重学术研究,同时也注重实践教学。以广州大学为例,广州大学汉语国际教育专业博士人才的培养模式在国内外教育理论和实践的基础上不断完善,以学术研究为核心,在培养学生成才、促进学科建设、服务社会经济发展等方面不断取得成果。本文将从课程体系、导师制度、实践教学和综合评价等4个方面对其进行分析,并提出进一步的改进方案。

1. 课程体系

课程是博士人才培养的核心。广州大学汉语国际教育专业博士课程体系严谨,注重理论与实践、系统与个性的有机结合。首先,公共课程包括学术写作、学术论文撰写、教育法律法规等方面的内容,以期提升博士生的综合素质和能力。其次,专业必修课程以语言、教育、人文为主线,包含汉语语言学、教育学、翻译学等领域的前沿研究成果,着重培养博士生对汉语及其相关领域进行宏观的、微观的、跨学科的认识,为博士生提供深入学习和研究汉语及其相关领域的机会,为博士生的个性化发展提供有力支持,为其后续学习、深造打下坚实的基础。再次,选修课程则根据学生的兴趣爱好和发展方向,开设了汉语教育、文化传播、翻译实践等丰富多样的课程,体现了广泛的学科覆盖面和强烈的实践导向,促进了博士生的个性化发展和专业能力的提高。最后,实践教学也是广州大学汉语国际教育专业博士课程的重要组成部分。学校建有语言实践基地,为博士生提供了丰富的实践教学资源。广州大学通过推动国际交流项目、参与国际会议、拓展海外实习机会等方式,增加了博士生的实践经验,提高了其实际应用能力。

总之,广州大学汉语国际教育专业博士课程设置具有针对性和科学性,课程涉及教育理论基础、中外教育文化比较、汉语教学与研究方法、语言技能及应用等方面。博士课程既可以为博士生提供必要的汉语教育和文化背景知识,也可以加强博士生在汉语教育领域的科研能力。为保障博士的培养质量,广州大学在课程设置过程中,考虑到博士生的个性化发展需求,设计出了较为合理的课程评价体系,评价方式既有期末论文、期末考试等传统方式,也有小组讨论、口头报告、课堂互动等形式,以不同的角度全面评价博士生对知识与技能的掌握程度和学习效果。

2. 导师制度

导师制度是博士人才培养体系的重要组成部分。广州大学汉语国际教育专业注重导师与学生之间的交流与互动,为学生提供了宽松的学术氛围。导师在力求个性化培养学生的同时,帮助学生以长远的眼光去规划自己的人生和事业。这就要求导师要具备较强的学术研究能力和创新思维能力,为学生提供广阔的学术视野、高水平的学术指导。

3. 实践教学

实践教学是博士培养的重要环节。广州大学汉语国际教育专业注重学生实践能力的培养,开设了多门实践课程,例如,实践教学、实践教材编写、实践项目管理等,让学生在实践中不断锤炼自己的能力,提高研究能力和实践能力。

4. 综合评价

综合评价是博士人才培养的重要保障机制。广州大学汉语国际教育专业采用多元化、科学化、客观化的评价机制。对于学生的综合表现将从学习、科研、实践、学术论文、答辩等方面考查,评价标准清晰明确、公正公平、综合全面,全方位评价学生的学习、思维、创新和实践能力,从而推动学生素质全方位提高。

总之,广州大学汉语国际教育专业博士人才培养模式,在加强基础理论学习、推进学科建设、促进学生全面成才等方面表现出了一定的优势。然而,在课程体系建构中要更加重视跨学科教育和具有国际化视野的课程的融入,在实践教学和综合评价方面,还需加强对学生实践能力的评价,以及评价的科学性和多样化。为了进一步优化广州大学汉语国际教育专业博士人才培养模式,学校和各学院需要加强教育方法的探索和创新,不断完善各项培养机制,提高人才培养质量,为我国汉语教育事业做出更大贡献。

三、选拔程序与人才培养中存在的问题

近年来,随着我国经济的快速发展和对外交流的频繁,汉语国际教育专业逐渐成为备受关注的领域。因此,对汉语国际教育专业博士人才培养的思考和研究

具有重要的实践意义和学术价值。本文通过对汉语国际教育专业博士选拔程序、人才培养的分析,发现其存在以下问题。

(一)选拔程序方面

1. 选拔标准不够科学

目前汉语国际教育专业博士的选拔往往以学术成果和经验为主要参考依据,而忽视了对申请者综合素质和潜力的考查。此外,汉语国际教育专业博士选拔的考核内容多为理论知识,其实并不能全面反映学生的综合素质,也无法真正评估其未来从事汉语国际教育工作的适宜性和发展潜力。

2. 学科范围较狭窄

当前汉语国际教育专业博士生源主要集中在文、史、哲等传统人文学科领域,而对于更为实用的语言学、教育学等专业,则缺乏相应的招生计划和政策支持。

3. 生源国单一

当前汉语国际教育专业博士大多都是中国籍,外籍博士生较少,选拔范围局限于国内,不利于国外本土师资的培养,不利于中文走出去,不利于国际中文教育的发展。

(二)人才培养方面

虽然我国高校的汉语国际教育专业博士在人才培养方面已经取得了一定的成果,但仍面临一些问题。

1. 培养规模较小

目前我国汉语国际教育专业博士的培养规模相对较小,还不能完全满足汉语教育领域对高级人才的需求。此外,汉语国际教育专业还存在一定的地域和类型限制,培养质量也参差不齐。

2. 课程体系有待优化

汉语国际教育专业博士课程过于侧重汉语语言和文化教学,忽视了现代教育和跨文化教育等方面的课程设置和实践,存在重理论轻实践、教学应用与研究分离、缺乏学科交叉融合等问题。这使得培养出来的汉语国际教育专业博士面临实践应用能力欠缺、理论解释不足的困境。在教育国际化的背景下,汉语国际教育专业博士的课程体系应具有跨学科性、重实践性、信息化程度高的特点,增加现代教育、跨文化教育、信息技术等教学内容和实践环节,这有助于培养具有综合实践能力的汉语国际教育专业博士。

3. 培养方式单一

汉语国际教育专业博士的培养方式较为单一,大多采用传统的学术研究和教学实践相结合的教育模式。在这种教育模式下,学生主要通过学术研究来提高汉语国际教育的专业能力,但在现实应用中,这种单一的培养方式并不能满足汉语国际教育对人才的多元化需求。因此,在培养方式上需要进行改革和创新,采用更加多元的培养方式。

4. 师资力量较匮乏

汉语国际教育专业博士的培养需要具备较强教学和研究能力的师资队伍,但国内汉语国际教育专业博士的培养还处于起步阶段,学校的师资力量和教学资源都较为匮乏,缺少高水平的教师和研究人才,难以保证学生得到较高水平的指导,难以满足大规模招生的需求。

四、选拔程序与人才培养的发展趋势

"2018年起,我国启动了教育博士专业学位汉语国际教育领域研究生的招生工作。"[2]从汉语国际教育专业博士人才培养现状来看,应当针对存在的问题进行相应的改革,制定相关政策来促进汉语国际教育专业的进一步发展。

(一)选拔程序方面

(1)扩大招生范围。

(2)优化选才标准,除了学术成果和应试能力之外,还应将实践经验、创新能力、跨文化交流等因素纳入考量范围。

(3)扩大对外籍汉语国际教育专业博士的招生。加强对外籍学生的招生宣传。

通过以上措施,可以有效地弥补汉语国际教育专业博士选拔程序中存在的不足,提高博士的素质和能力,促进汉语国际教育的长足发展。

(二)人才培养方面

汉语国际教育专业博士人才培养是汉语国际教育发展的重要一环。从现实情况来看,未来还需要加强政策支持和注重细节,使汉语国际教育专业博士人才培养规范化、科学化、实用化。

1. 扩大规模

高校可以相应增加招生人数,扩大培养规模。同时,应将优秀的国际学生纳入培养计划内,进一步扩大培养范围。

2. 重构课程体系

高校应注重重构汉语国际教育专业博士课程体系,将理论和实践相结合,开设适合不同需求的课程,注重跨学科交叉研究,增加实践环节,丰富实践教学内容和形式,使博士更好地掌握实际应用技能,以培养具有创新意识和实践能力的高端人才。

3. 创新人才培养模式

汉语国际教育专业应该在人才培养方面进行培养模式的创新,推动教育教学方式的变革和优化。

首先,应该注重学生的个性化发展。一个合格的汉语国际教育专业博士不仅要拥有扎实的汉语语言和文化基础,更要具备较强的教学能力和研究能力。因此,应针对学生的兴趣和特长,提供多元化的教育资源,突出个性化培养,培养学生形成鲜明的个性。

其次,加强教学的实践性。培养务实型、应用型和创新型人才是当今高校的重要任务。应加强汉语国际教育专业博士实践能力的培养,为学生提供更多的实践机会,培养学生形成教学实践所需要的教育技能和创新精神。

最后,注重国际化教育。汉语国际教育专业的育人目标在于培育既具备扎实系统的汉语言文学专业理论知识与技能,又具备跨文化交际能力、掌握丰富的学科知识,可以应用双语实现教学与交流,同时对中国传统文化、中国文学与中外文化有充分的了解,可以在国内外有关部门、学校、企事业单位从事中外文化交际、对外汉语教学等有关工作的应用型人才。[3]在汉语国际教育领域,国际化人才的需求越来越多,面对日益复杂的国际市场和竞争环境,学生的汉语教学水平及语言文化素养成为影响其竞争力的关键因素。因此,汉语国际教育专业应该注重学生的国际化教育,培养具有跨文化沟通能力、全球视野的汉语国际教育专业人才。

4. 加强师资队伍建设

完善的汉语国际教育专业博士教育体系建立在优秀的教师队伍基础之上,因此,师资队伍建设是博士人才培养的关键。

首先,应该注重师资队伍多元化。面对国际化和多元化的汉语教学需求,师资队伍应该呈现多元化和国际化发展趋势。教师除了需要具备扎实的汉语语言和文化专业知识外,还应该具备丰富的教育学、心理学、语言心理学等相关学科的知识,进而实现跨学科的融合。

其次,应该注重师生互动。教育不仅是知识的传递,同时也是师生互动、交流的过程。汉语国际教育专业应该逐步形成一种互动式、合作式的教育模式,鼓励学生积极参与课堂教学和课外文化体验活动,加强学生与教师之间的交流和互动,建立师生合作、共同发展的教育机制。

最后,应该注重师资队伍专业化。汉语国际教育教学是一项高度专业化的工作,需要教师具备较强的汉语语言和文化背景知识,熟悉汉语国际教学的基本规律,同时还需要具备教学理论、教育心理学、教育技术等方面的知识和能力。[4]因此,汉语国际教育专业博士人才的培养需要重视教师培训,不断促进教师的专业能力提升。

5. 创新学术研究成果

汉语国际教育专业博士不仅是人才培养的对象,同时也是汉语国际教育学术探究的推动者。因此,博士在汉语国际教育研究方面应该进行创新,提高研究水平和创新能力。

首先,应该注重前沿性研究。随着汉语国际教育的快速发展和推广,汉语教学的对象也在不断扩展。汉语国际教育专业博士应该关注学科前沿,提出具有时代性和前瞻性的研究问题,探究新的教学模式和方法,在教学实践中促进教学效果的提升。

其次,应该培养责任意识。汉语国际教育专业博士应该以教育为己任,认真履行科研和教育教学的职责。在学术研究中,必须坚持科学研究的专业精神和原则,加强道德修养和自我监督,保证研究的规范性和科学性。

最后,应该加强合作与创新。汉语国际教育并非单一学科领域,而是涉及教育学、心理学、语言学等多个领域的综合性学科。因此,汉语国际教育专业博士应该加强跨学科交叉合作,吸取其他学科的优势和成果,创新性地推动汉语国际教育领域研究和教学的发展。

综上所述,汉语国际教育专业博士在人才培养方面需要进行模式创新[5]。汉语国际教育专业建设,在学术研究方面需要进行前沿性和应用性研究,在师资队伍建设方面需要建立多元化、互动式、专业化的教师队伍,以推进汉语国际教育的发展和进步。

五、结语

通过前文的分析我们可以清晰地看到,我国汉语国际教育专业博士在选拔程序、人才培养方面已有明确、严谨的制度。我们将勇于深研,不断开拓汉语国际教育专业新的研究领域,加强对新问题、新情况的研究。

参 考 文 献

[1]王辉,沈索超.国际中文教育专业博士生培养现状及对策[J].民族教育研究,

2023,34(1):152-159.
[2] 李宝贵.教育博士专业学位研究生招生问题的透视与改进:以汉语国际教育领域为例[J].教育科学,2019,35(5):82-91.
[3] 刘娟,李平,李婧.应用型高校汉语国际教育专业人才培养体系构建研究[J].开封文化艺术职业学院学报,2021,41(2):106-108.
[4] 陈丽媛,李春燕,柳谦,等.汉语国际教育专业"双创型"人才培养模式与实践教学体系的构建与探索[J].文教资料,2020(5):181-182.
[5] 孔雪晴.汉语国际教育专业人才培养存在的问题及解决路径探索[J].湖北开放职业学院学报,2020,33(23):116-117,120.